La Cuina Antiinflamatòria 2023

Descobreix Com Menjar Pot Ser la Teva Millor Arma contra l'Inflamació

Carla Sánchez

Resum

Tacos de mandonguilles: 18
Indicacions: 19
Zoodles de pesto d'alvocat de salmó Racions: 4 21
Ingredients: 21
Indicacions: 21
Patates dolces especiades amb cúrcuma, poma i ceba amb pollastre 23
Ingredients: 23
Salmó amb herbes fregides 25
Racions: 4 25
Ingredients: 25
Indicacions: 25
Tofu amb verdures 27
Racions: 4 27
Ingredients: 27
Indicacions: 28
Amanida de maduixa i formatge de cabra: 29
Indicacions: 29
Estofat de coliflor de cúrcuma i bacallà 31
Racions: 4 31
Ingredients: 31
Indicacions: 32
Delicia de fruits secs i espàrrecs 33
Racions: 4 33
Ingredients: 33

Indicacions: 33

Pasta Alfredo amb carbassó: 35

Indicacions: 35

Pollastre a la quinoa: 37

Indicacions: 38

Espaguetis amb all i carbassa 40

Racions: 4 40

Ingredients: 40

Indicacions: 41

Truita al vapor amb salsa de mongetes vermelles i bitxo Racions: 1 42

Ingredients: 42

Indicacions: 43

Sopa de moniato i gall dindi 44

Racions: 4 44

Ingredients: 44

Indicacions: 45

Salmó a la planxa amb miso 46

Racions: 2 46

Ingredients: 46

Indicacions: 47

Filet saltejat 48

Racions: 6 48

Ingredients: 48

Indicacions: 48

Sopa De Peix Blanc Amb Verdures 50

Racions: 6 a 8 50

Ingredients: 50

Indicacions: 50

Musclos Amb Llimona 52

Racions: 4 52

Ingredients: 52

Indicacions: 52

Salmó, llima i bitxo 53

Racions: 2 53

Ingredients: 53

Indicacions: 53

Pasta de tonyina i formatge 54

Racions: 3-4 54

Ingredients: 54

Indicacions: 54

Tiras de peix en crosta de coco 56

Racions: 4 56

Ingredients: 56

Indicacions: 57

Racions de peix mexicà: 2 58

Ingredients: 58

Indicacions: 58

Truita amb salsa de cogombre 60

Racions: 4 60

Ingredients: 60

Zoodles de llimona amb gambes 62

Racions: 4 62

Ingredients: 62

Indicacions: 63

Gambes cruixents 64

Racions: 4 64

Ingredients: 64

Indicacions: 64

Llobarro a la brasa 65

Racions: 2 65

Ingredients: 65

Indicacions: 65

Deliciós salmó Racions: 4 67

Ingredients: 67

Indicacions: 67

Bacallà picant 68

Racions: 4 68

Ingredients: 68

Indicacions: 68

Truita fumada 70

Racions: 2 70

Ingredients: 70

Indicacions: 70

Tonyina i escalunyes 72

Racions: 4 72

Ingredients: 72

Indicacions: 72

Gambes amb llimona i pebre 74

Racions: 2 74

Ingredients: 74

Indicacions: 74

Racions de salmó cajun: 2 76

Ingredients: 76

Indicacions: 76

Salmó amb quinoa i verdures 77

Racions: 4 77

Ingredients: 77

Peix blanc cruixent Racions: 4 79

Ingredients: 79

Indicacions: 79

Mandonguilles de salmó Racions: 4 80

Ingredients: 80

Indicacions: 81

Deliciosos llagostins 82

Racions: 4 82

Ingredients: 82

Indicacions: 83

Peix al forn picant 84

Racions: 5 84

Ingredients: 84

Indicacions: 84

Tonyina amb pebre vermell Racions: 4 85

Ingredients: 85

Indicacions: 85

Boles de peix Racions: 2 86

Ingredients: 86

Indicacions: 86

Vieires escalfades amb mel 87

Racions: 4 87

Ingredients: 87

Indicacions: 87

Filets de bacallà amb bolets shiitake 89

Racions: 4 89

Ingredients: 89

Indicacions: 89

Llobarro blanc a la brasa 91

Racions: 2 91

Ingredients: 91

Indicacions: 91

Lluç al forn amb tomàquet 93

Racions: 4-5 93

Ingredients: 93

Indicacions: 93

Eglefino escalfat amb remolatxa 95

Racions: 4 95

Ingredients: 95

Salmó amb llima kaffir 97

Racions: 8 97

Ingredients: 97

Indicacions: 97

Salmó Tend En Salsa De Mostassa 99

Racions: 2 99

Ingredients: 99

Indicacions: 99

Amanida de cranc 101

Racions: 4..101

Ingredients:...101

Indicacions:..101

Salmó al forn amb salsa de miso 102

Racions: 4..102

Ingredients:...102

Indicacions:..102

Bacallà al forn cobert d'herbes amb mel Racions: 2 104

Ingredients:...104

Indicacions:..104

Bacallà barrejat amb parmesà Racions: 4 106

Ingredients:...106

Indicacions:..106

Llagostins cruixents d'all..107

Racions: 4..107

Ingredients:...107

Indicacions:..107

Barreja cremosa de llobarro Racions: 4...................................108

Ingredients:...108

Indicacions:..108

Cogombre Ahi Poke 109

Racions: 4..109

Ingredients:...109

Tilàpia cremosa..111

Racions: 4..111

Ingredients:...111

Indicacions:..111

Llobarro amb gingebre 113

Racions: 4 113

Ingredients: 113

Indicacions: 113

Gamba de coco 114

Racions: 4 114

Ingredients: 114

Carn de porc amb carabassa i nou moscada 116

Racions: 4 116

Ingredients: 116

Indicacions: 117

Arròs amb gambes amb mantega i llimona 118

Porcions: 3 118

Ingredients: 118

Indicacions: 118

Flan de gambes i llima amb carbassó i blat de moro Racions: 4 120

Ingredients: 120

Indicacions: 121

Sopa de coliflor 122

Racions: 10 122

Ingredients: 122

Indicacions: 122

Hamburgueses de mongetes negres amb moniatos Racions: 6 124

Ingredients: 124

Indicacions: 125

Sopa de bolets de coco 127

Racions: 3 127

Ingredients:...127

Indicacions:..127

Amanida de fruites a l'hivern 129

Porcions: 6 129

Ingredients:...129

Indicacions:...129

Cuxes de pollastre a la mel amb pastanagues.....................131

Racions: 4...131

Ingredients:...131

Indicacions:...132

Chili gall dindi..133

Porcions: 8 133

Ingredients:...133

Indicacions:...134

Sopa de llenties amb espècies..135

Racions: 5...135

Ingredients:...135

Indicacions:...135

Pollastre a l'all i verdures..137

Porcions: 4 137

Ingredients:...137

Indicacions:...138

Amanida de salmó fumat 139

Racions: 4...139

Ingredients:...139

Indicacions: 140

Amanida de mongetes Shawarma..142

Porcions: 2 142

Ingredients: 142

Indicacions: 143

Arròs fregit amb pinya 145

Porcions: 4 145

Ingredients: 145

Indicacions: 146

Sopa de llenties 148

Porcions: 2 148

Ingredients: 148

Indicacions: 149

Deliciosa amanida de tonyina 151

Porcions: 2 151

Ingredients: 151

Indicacions: 152

Aioli Amb Ous 153

Porcions: 12 153

Ingredients: 153

Indicacions: 153

Espaguetis amb salsa de bolets d'herbes Ingredients: 155

Indicacions: 155

Sopa de miso i shitake amb escalunyes 158

Ingredients: 158

Truita a la planxa amb condiment d'all i julivert 160

Ingredients: 160

Indicacions: 160

Rotllets de coliflor i cigrons al curri: 162

Indicacions: 163

Sopa de fideus de blat sarraí 165

Porcions: 4 165

Ingredients: 165

Indicacions: 166

Amanida de salmó 167

Porcions: 1 167

Ingredients: 167

Indicacions: 167

Titella de verdures 169

Porcions: 4 169

Ingredients: 169

Indicacions: 170

Gambes a l'all i llimona 172

Porcions: 4 172

Ingredients: 172

Indicacions: 172

Ingredients del rotlle de primavera: 173

Soba freda amb salsa de miso Ingredients: 175

Indicacions: 176

Trossos de coliflor i búfala al forn 177

Racions: 2 177

Ingredients: 177

Indicacions: 177

Flan de pollastre a l'all amb alfàbrega i tomàquet 179

Racions: 4 179

Ingredients: 179

Indicacions:	180
Racions de sopa cremosa de coliflor de cúrcuma: 4	181
Ingredients:	181
Indicacions:	182
Arròs integral amb moniatos, bolets i col	183
Ingredients:	183
Tilapia al forn amb pacanes i romaní	185
Ingredients:	185
Tortilla de mongetes negres	187
Porcions: 2	187
Ingredients:	187
Indicacions:	187
Pollastre de mongetes blanques amb verdures d'hivern	189
Ingredients:	189
Indicacions:	190
Racions de salmó al forn amb herbes	191
Porcions: 2	191
Ingredients:	191
Indicacions:	191
Amanida de pollastre amb iogurt grec	193
Ingredients:	193
Indicacions:	193
Amanida de cigrons	194
Ingredients:	194
Indicacions:	195
Amanida valenciana	196
Porcions: 10	196

Ingredients: 196

Indicacions: 197

Sopa energètica especial 198

Racions:4 198

Ingredients: 198

Indicacions: 199

Salmó, miso i mongetes verdes 200

Porcions: 4 200

Ingredients: 200

Indicacions: 200

Sopa de porro, pollastre i espinacs 202

Porcions: 4 202

Ingredients: 202

Indicacions: 202

Bombes de xocolata negra 204

Porcions:24 204

Ingredients: 204

Indicacions: 204

Pebrots farcits italians 206

Racions: 6 206

Ingredients: 206

Indicacions: 207

Truita fumada embolicada amb enciam 208

Racions: 4 208

Ingredients: 208

Indicacions: 209

Amanida d'ou de diable: 210

Indicacions: 210

Pollastre al forn amb sèsam-tamari i mongetes verdes 212

Ingredients: 212

Indicacions: 212

Estofat de pollastre al gingebre 214

Porcions: 6 214

Ingredients: 214

Indicacions: 215

Amanida cremosa de garbano: 216

Indicacions: 217

Tacos de mandonguilles:

Mandonguilles:

1 lliura de vedella mòlta magra (a sota de qualsevol carn mòlta com ara porc, gall dindi o pollastre)

1 ou

1/4 tassa de kale picada finament o herbes cruixents com el julivert o el coriandre (la vostra elecció)

1 culleradeta de sal

1/2 culleradeta de pebre negre

Bols de tacos

2 tasses de salsa d'enchilada (utilitzem fetes a mida) 16 mandonguilles (fixacions anotades més amunt)

2 tasses d'arròs cuit, de color blanc o fosc

1 alvocat, tallat

1 tassa de Salsa o Pico de Gallo comprada localment 1 tassa de formatge ratllat

1 Jalapeño, tallat a rodanxes delicades (discrecional)

1 cullerada de coriandre, tallat a trossos petits

1 llima, tallada a rodanxes

Tortilla Xips, per servir

Indicacions:

1. Per crear/congelar

2. En un bol gran, combineu la carn picada, els ous, la col (si feu servir), la sal i el pebre. Barregeu-ho amb les mans fins que quedi uniforme.

Estructureu-los en 16 patates separades aproximadament 1 polzada i col·loqueu-les en una safata de forn fixada amb paper d'alumini.

3. En cas que l'utilitzeu en uns quants dies, refredeu-lo fins a 2 dies.

4. Si es congela, col·loqueu un recipient d'alumini a la nevera fins que les patates estiguin fermes. Mou a una bossa més freda. Les mandonguilles es conservaran a la nevera durant 3-4 mesos.

5. Cuina

6. En una olla mitjana, poseu la salsa d'enchilada a un guisat baix. Incloeu les mandonguilles (no hi ha cap motiu convincent per descongelar primer si les mandonguilles ho eren

solidificat). Cuina les mandonguilles fins que estiguin cuites, 12 minuts suposant que estiguin cruixents i 20 minuts quan estiguin fermes.

7. Mentre es guisen les mandonguilles, prepareu diverses preparacions.

8. Apilar els bols de tacos amb arròs amb mandonguilles i salsa, alvocat tallat a daus, salsa, cheddar, talls de jalapeño i coriandre. Presentem amb rodanxes de llima i truites xips.

Zoodles de pesto d'alvocat de salmó Racions: 4

Temps de cocció: 25 minuts

Ingredients:

1 cullerada de pesto

1 llimona

2 filets de salmó congelats/frescs

1 carbassó gran, enrotllat

1 cullerada de pebre negre

1 alvocat

1/4 tassa de parmesà, ratllat

Apòsit italià

Indicacions:

1. Escalfeu el forn a 375 F. Condimenteu el salmó amb condiment italià, sal i pebre i deixeu-ho coure durant 20 minuts.

2. Afegiu els alvocats al bol juntament amb una cullerada de pebre, suc de llimona i una cullerada de pesto. Tritureu els alvocats i reserveu-lo.

3. Afegiu els fideus de carbassó a un plat de servir, seguits de la barreja d'alvocat i el salmó.

4. Espolvorear amb formatge. Afegiu més pesto si cal. Gaudeix!

Informació nutricional:128 calories 9,9 g de greix 9 g de carbohidrats totals 4 g de proteïnes

Patates dolces especiades amb cúrcuma, poma i ceba amb pollastre

Racions: 4

Temps de cocció: 45 minuts

Ingredients:

2 cullerades de mantega sense sal, temperatura ambient 2 moniatos mitjans

1 poma Granny Smith gran

1 ceba mitjana, tallada a rodanxes fines

4 pits de pollastre sense ossos i amb pell

1 culleradeta de sal

1 culleradeta de cúrcuma

1 culleradeta de sàlvia seca

¼ de culleradeta de pebre negre recent mòlt

1 tassa de sidra de poma, vi blanc o brou de pollastreIndicacions:

1. Preescalfeu el forn a 400 ° F. Unteu la safata amb mantega.

2. Col·loqueu els moniatos, la poma i la ceba en una sola capa a la safata del forn.

3. Col·loqueu la pell del pollastre cap amunt i amaniu-ho amb sal, cúrcuma, sàlvia i pebre. Afegiu la sidra.

4. Torrat en 35-40 minuts. Retirar, deixar reposar 5 minuts i servir.

Informació nutricional:Calories 386 Total de greixos: 12 g Total de carbohidrats: 26 g Sucre: 10 g Fibra: 4 g Proteïnes: 44 g Sodi: 932 mg

Salmó amb herbes fregides

Racions: 4

Temps de cocció: 5 minuts

Ingredients:

1 lliura de filet de salmó, esbandida 1/8 culleradeta de pebre de caiena 1 culleradeta de xili en pols

½ culleradeta de comí

2 grans d'all, picats

1 cullerada d'oli d'oliva

¾ culleradeta de sal

1 culleradeta de pebre negre recent mòlt

Indicacions:

1. Preescalfeu el forn a 350 graus F.

2. En un bol, combineu el pebre de caiena, el xili en pols, el comí, la sal i el pebre negre. Per deixar de banda.

3. Aboqueu un raig d'oli d'oliva sobre el filet de salmó. Frega pels dos costats. Frega l'all i la barreja d'espècies preparada. Deixeu reposar 10 minuts.

4. Després de deixar que els sabors es fonguin, prepareu una safata per a forn.

Escalfeu l'oli d'oliva. Un cop calent, amaniu el salmó durant 4 minuts pels dos costats.

5. Transfereix la paella dins del forn. Enfornar durant 10 minuts. Servir.

<u>Informació nutricional:</u>Calories 210 Carbohidrats: 0 g Greix: 14 g Proteïnes: 19 g

Tofu amb verdures

Racions: 4

Temps de cocció: 20 minuts

Ingredients:

2 carbassons grans, tallats a rodanxes d'¼ de polzada

2 carbasses d'estiu grans, tallades a rodanxes d'¼ de polzada de gruix 1 lliura de tofu ferm, tallades a daus d'1 polzada

1 tassa de brou de verdures o aigua

3 cullerades d'oli d'oliva verge extra

2 grans d'all, tallats a rodanxes

1 cullerdeta de sal

1 cullerdeta de barreja d'herbes italianes

¼ de cullerdeta de pebre negre recent mòlt

1 cullerada d'alfàbrega fresca tallada a rodanxes fines

Indicacions:

1. Preescalfeu el forn a 400 °F.

2. Combina el carbassó, la carbassa, el tofu, el brou, l'oli, l'all, la sal, la barreja d'herbes italianes i el pebre en una safata de forn gran i barreja-ho bé.

3. Torrat en 20 minuts.

4. Espolvorear amb l'alfàbrega i servir.

Informació nutricional:Calories 213 Greixos totals: 16 g Carbohidrats totals: 9 g Sucre: 4 g Fibra: 3 g Proteïnes: 13 g Sodi: 806 mg

Amanida de maduixa i formatge de cabra:

1 lliura de maduixes cruixents, tallades a daus

Opcional: 1 a 2 culleradetes de nèctar o xarop d'auró, al gust 2 unces de cheddar de cabra desintegrat (aproximadament ½ tassa) ¼ de tassa d'alfàbrega cruixent a rodanxes, més un parell de fulles d'alfàbrega per decorar

1 cullerada d'oli d'oliva verge extra

1 cullerada de vinagre balsàmic gruixut *

½ culleradeta de sal marina en escates de Maldon o ¼ inadequada

culleradeta de sal marina fina

Pebre fosc mòlt cruixent

Indicacions:

1. Col·loqueu les maduixes tallades a daus en un plat mitjà o un bol poc profund. En cas que les maduixes no siguin tan dolces com voldríeu, llenceu-les amb una mica de nèctar o xarop d'auró.

2. Espolseu el cheddar de cabra desintegrat per sobre de les maduixes, arrastrat per l'alfàbrega triturada. Mullar amb l'oli d'oliva i el vinagre balsàmic.

3. Poliu el plat de verdures barrejades amb la sal, un parell de trossos de pebre negre mòlt cruixent i les fulles d'alfàbrega conservades. Per a una excel·lent introducció, serviu ràpidament el plat de verdures barrejades.

No obstant això, les restes es conserven bé a la nevera durant uns 3 dies.

Estofat de coliflor de cúrcuma i bacallà

Racions: 4

Temps de cocció: 30 minuts

Ingredients:

½ lliure de floretes de coliflor

1 lliura de filets de bacallà, desossats, sense pell i tallats a daus 1 cullerada d'oli d'oliva

1 ceba groga, picada

½ culleradeta de llavors de comí

1 pebrot verd, picat

¼ de culleradeta de cúrcuma en pols

2 tomàquets picats

Un polsim de sal i pebre negre

½ tassa de brou de pollastre

1 cullerada de coriandre picat

Indicacions:

1. Escalfeu una paella amb l'oli a foc mitjà, afegiu-hi la ceba, el bitxo, el comí i la cúrcuma, remeneu-ho i deixeu-ho coure 5 minuts.

2. Afegir la coliflor, el peix i altres ingredients, remenar, portar a ebullició i coure a foc mitjà durant 25 minuts més.

3. Reparteix el guisat en bols i serveix.

Informació nutricional:calories 281, greixos 6, fibra 4, hidrats de carboni 8, proteïnes 12

Delicia de fruits secs i espàrrecs

Racions: 4

Temps de cocció: 5 minuts

Ingredients:

1 cullerada i ½ d'oli d'oliva

¾ remenar els espàrrecs, tallar-los

¼ tassa de nous picades

Llavors de gira-sol i pebre al gust

Indicacions:

1. Posar una paella a foc mitjà, afegir l'oli d'oliva i deixar que s'escalfi.

2. Afegiu-hi els espàrrecs, salteu-los 5 minuts fins que estiguin daurats.

3. Amaniu amb llavors de gira-sol i pebre.

4. Retireu la calor.

5. Afegiu els fruits secs i barregeu.

<u>Informació nutricional:</u> Calories: 124 Greixos: 12 g Hidrats de carboni: 2 g Proteïnes: 3 g

Pasta Alfredo amb carbassó:

2 carbassons espirals mitjans

1-2 TB de parmesà vegà (opcional)

Salsa Alfredo ràpida

1/2 tassa d'anacard crus en remull durant un parell d'hores o en aigua bullint durant 10 minuts

2 TB de suc de llimona

3 TB de llevat nutritiu

2 culleradetes de miso blanc (pot de sub-tamari, salsa de soja o aminoàcids de coco)

1 culleradeta de ceba en pols

1/2 culleradeta d'all en pols

1/4-1/2 tassa d'aigua

Indicacions:

1. Espiralitzar els fideus de carbassó.

2. Afegiu totes les fixacions d'Alfredo a una batedora ràpida (començant amb 1/4 de tassa d'aigua) i barregeu fins que quedi suau. En cas que la

vostra salsa sigui massa espessa, afegiu-hi més aigua una cullerada a la vegada fins que obtingueu la consistència que busqueu.

3. Poseu-hi els fideus de carbassó amb salsa Alfredo i un cotxet de verdures si voleu.

Pollastre a la quinoa:

1 tassa de quinoa, rentada

3-1/2 tasses d'aigua, aïllada

1/2 lliura de gall dindi magre mòlt

1 ceba dolça enorme, tallada a daus

1 pebrot vermell dolç mitjà, picat

4 grans d'all, picats

1 cullerada de guisat de mongetes en pols

1 cullerada de comí mòlt

1/2 culleradeta de canyella mòlta

2 llaunes (15 oz cadascuna) de mongetes marrons, rentades i escorregudes

1 llauna (28 oz) de tomàquets triturats

1 carbassó mitjà, tallat a rodanxes

1 pebrot chipotle en salsa adobo, tallat a rodanxes

1 cullerada de salsa adobo

1 fulla estreta

1 culleradeta d'orenga seca

1/2 culleradeta de sal

1/4 culleradeta de pebre

1 tassa de blat de moro solidificat, descongelat

1/4 tassa de coriandre cruixent picat

Guarnicions discrecionals: alvocat tallat a daus, Monterey Jack Cheddar destruït

Indicacions:

1. En una olla gran, escalfeu la quinoa i 2 tasses d'aigua fins al punt d'ebullició. Baixar el foc; repartir i coure entre 12 i 15 minuts o fins que l'aigua hagi aguantat. expulsar de la calor; alleugerir amb una forquilla i posar en un lloc segur.

2. A continuació, en una paella gran coberta amb la dutxa de cocció, coeu el gall dindi, la ceba, el pebrot vermell i l'all a foc mitjà fins que la carn ja no sigui rosada i les verdures estiguin tendres; canal. Incorporeu el guisat de mongetes mòltes, el comí i la canyella; coure 2 minuts més.

Sempre que ho desitgeu, presenteu-ho amb guarnicions discrecionals.

3. Incloeu les mongetes fosques, els tomàquets, el carbassó, el pebrot chipotle, la salsa d'adobo, la fulla sencera, l'orenga, la sal, el pebre i l'aigua restant.

Escalfar fins a ebullició. Disminueix la calor; untar i guisar durant 30 minuts. Barrejar blat de moro i quinoa; escalfar a través. Elimina les fulles estretes; remenar el coriandre. Presenteu-lo amb les fixacions discrecionals que desitgeu.

4. Alternativa a la congelació: congela l'estofat refredat als compartiments més freds.

Per utilitzar-lo, descongelar incompletament a la nevera a mitjà termini. Escalfeu en una olla, remenant de tant en tant; inclou suc o aigua si és vital.

Espaguetis amb all i carbassa

Racions: 4

Temps de cocció: 15 minuts

Ingredients:

Per preparar la salsa

¼ tassa de llet de coco

6 cites grans

2/3 g de coco ratllat

6 grans d'all

2 cullerades de pasta de gingebre

2 cullerades de pasta de curri vermell

Per preparar els fideus

1 fideus grans de carbassa bullint

½ pastanaga tallada a juliana

½ carbassó tallat en juliana

1 pebrot vermell petit

¼ tassa d'anacards

Indicacions:

1. Per preparar la salsa, barregeu tots els ingredients per obtenir un puré espes.

2. Talleu els espaguetis al llarg i feu tallarines.

3. Pinteu lleugerament la paella amb oli d'oliva i deixeu coure els espaguetis a 40°C durant 5-6 minuts.

4. Per servir, remenar els fideus i fer puré en un bol. O serviu el puré al costat dels fideus.

<u>Informació nutricional:</u>Calories 405 Carbohidrats: 107 g Greix: 28 g Proteïnes: 7 g

Truita al vapor amb salsa de mongetes vermelles i bitxo Racions: 1

Temps de cocció: 16 minuts

Ingredients:

100 g de tomàquets cherry, a la meitat

1/4 d'alvocat, sense pelar

200 g de filet de truita oceànica sense pell

Fulles de coriandre per servir

2 culleradetes d'oli d'oliva

Falcons de llima, per servir

120 g de mongetes vermelles en conserva, esbandides i escorregudes 1/2 ceba vermella, tallada a rodanxes fines

1 cullerada de jalapeños en vinagre, escorreguts

1/2 culleradeta de comí mòlt

4 olives sicilianes / olives verdes

Indicacions:

1. Col·loqueu una cistella de vapor a sobre d'una olla amb aigua a foc lent. Afegiu el peix a la cistella i cobreixi-ho durant 10-12 minuts.

2. Retireu el peix i deixeu-lo reposar uns minuts. Mentrestant, preescalfeu una mica d'oli en una paella.

3. Afegiu els jalapeños en vinagre, les mongetes vermelles, les olives, 1/2 culleradeta de comí i els tomàquets cherry. Coure uns 4-5 minuts, remenant constantment.

4. Aboqueu la massa de mongetes en un plat de servir, seguida de la truita.

Afegiu-hi el coriandre i la ceba per sobre.

5. Servir al costat de rodanxes de llima i alvocat. Gaudeix de truita oceànica al vapor amb salsa de xile de mongetes vermelles!

Informació nutricional:243 calories 33,2 g greix 18,8 g carbohidrats totals 44 g proteïnes

Sopa de moniato i gall dindi

Racions: 4

Temps de cocció: 45 minuts

Ingredients:

2 cullerades d'oli d'oliva

1 ceba groga, picada

1 pebrot verd, picat

2 moniatos, pelats i tallats a daus

1 lliura de pit de gall dindi, sense pell, desossat i tallat a daus 1 culleradeta de coriandre mòlt

Un polsim de sal i pebre negre

1 culleradeta de pebre vermell dolç

6 tasses de brou de pollastre

Suc d'1 llima

Un grapat de julivert picat

Indicacions:

1. Escalfeu una paella amb l'oli a foc mitjà, afegiu-hi la ceba, el pebrot i els moniatos, remeneu-ho i deixeu-ho coure 5 minuts.

2. Afegiu la carn i sofregiu-ho 5 minuts més.

3. Afegir la resta d'ingredients, remenar, portar a ebullició i coure a foc mitjà durant 35 minuts més.

4. Abocar la sopa en bols i servir.

Informació nutricional: calories 203, greixos 5, fibra 4, hidrats de carboni 7, proteïnes 8

Salmó a la planxa amb miso

Racions: 2

Temps de cocció: 20 minuts

Ingredients:

2 cullerades. xarop d'auró

2 llimones

¼ tassa de miso

¼ culleradeta. Pebre mòlt

2 llimes

2 1/2 lliures de salmó, amb pell

Un polsim de pebre de caiena

2 cullerades. Oli d'oliva verge extra

¼ tassa de miso

Indicacions:

1. Primer, barregeu el suc de llima i el suc de llimona en un bol petit fins que quedi ben integrat.

2. A continuació, afegiu-hi el miso, el pebre de caiena, el xarop d'auró, l'oli d'oliva i el pebre. Combina bé.

3. A continuació, col·loqueu el salmó amb la pell cap avall en una safata de forn folrada amb paper pergamí.

4. Pinteu generosament el salmó amb la barreja de miso-llimona.

5. Ara, col·loqueu els trossos de llimona i llimona tallats a la meitat als seus costats amb la part tallada cap amunt.

6. Finalment, coeu-los durant 8-12 minuts o fins que el peix s'escafi.

Informació nutricional:Calories: 230 Kcal Proteïnes: 28,3 g Hidrats de carboni: 6,7 g Greixos: 8,7 g

Filet saltejat

Racions: 6

Temps de cocció: 8 minuts

Ingredients:

6 filets de tilàpia

2 cullerades d'oli d'oliva

1 tros de llimona, suc

Sal i pebre al gust

¼ tassa de julivert o coriandre picat

Indicacions:

1. Saltegeu els filets de tilàpia amb oli d'oliva en una paella de mida mitjana a foc mitjà. Coure durant 4 minuts per cada costat fins que el peix s'escafi fàcilment amb una forquilla.

2. Afegiu sal i pebre al gust. Aboqueu suc de llimona sobre cada filet.

3. Per servir, espolvorear els filets cuits amb julivert o coriandre picat.

Informació nutricional: Calories: 249 Cal. Greixos: 8,3 g Proteïnes: 18,6 g

Hidrats de carboni: 25,9

Fibra: 1 g

Sopa De Peix Blanc Amb Verdures

Racions: 6 a 8

Temps de cocció: 32 a 35 minuts

Ingredients:

3 moniatos, pelats i tallats a trossos de ½ polzada 4 pastanagues, pelades i tallades a trossos d'½ polzada 3 tasses de llet de coco plena de greix

2 tasses d'aigua

1 culleradeta de farigola seca

½ culleradeta de sal marina

10½ unces (298 g) de peix blanc, sense pell i ferm, com el bacallà o el fletán, tallat a trossos

Indicacions:

1. Afegiu els moniatos, les pastanagues, la llet de coco, l'aigua, la farigola i la sal marina en una cassola gran a foc fort i deixeu-ho bullir.

2. Reduïu el foc a baix, tapeu i deixeu coure a foc lent 20 minuts fins que les verdures estiguin tendres, remenant de tant en tant.

3. Aboqueu la meitat de la sopa a la batedora i tritureu fins que quedi suau i suau, després torneu a l'olla.

4. Incorporar els trossos de peix i continuar la cocció 12 més

a 15 minuts, o fins que el peix estigui cuit.

5. Retirar del foc i servir en bols.

Informació nutricional: calories: 450; greix: 28,7 g; proteïna: 14,2 g; hidrats de carboni: 38,8 g; fibra: 8,1 g; sucre: 6,7 g; sodi: 250 mg

Musclos Amb Llimona

Racions: 4

Ingredients:

1 cullerada. oli d'oliva verge extra 2 grans d'all picats

2 lliures de musclos fregats

Suc d'una llimona

Indicacions:

1. Poseu una mica d'aigua en un cassó, afegiu-hi els musclos, deixeu-ho bullir a foc mitjà, deixeu-ho coure 5 minuts, llenceu els musclos sense obrir i poseu-los a un bol.

2. En un altre bol, barregem l'oli amb els alls i el suc de llimona acabat d'esprémer, batem bé i afegim els musclos per sobre, barregem i servim.

3. Diverteix-te!

Informació nutricional:Calories: 140, Greixos: 4 g, Carbohidrats: 8 g, Proteïnes: 8 g, Sucres: 4 g, Sodi: 600 mg,

Salmó, llima i bitxo

Racions: 2

Temps de cocció: 8 minuts

Ingredients:

1 lliure de salmó

1 cullerada de suc de llima

½ culleradeta de pebre

½ culleradeta de xili en pols

4 llesques de llima

Indicacions:

1. Amaniu el salmó amb el suc de llima.

2. Espolvorear ambdós costats amb pebre i xili en pols.

3. Afegiu el salmó a la fregidora.

4. Posar falques de llima a sobre del salmó.

5. Fregir a l'aire a 375 graus F durant 8 minuts.

Pasta de tonyina i formatge

Racions: 3-4

Ingredients:

2 c. coet

¼ c. cebes verdes picades

1 cullerada de vinagre vermell

5 oz. tonyina en conserva escorreguda

¼ culleradeta. pebre negre

2 oz. pasta integral cuita

1 cullerada. oli d'oliva

1 cullerada. parmesà ratllat baix en greix

Indicacions:

1. Coure la pasta en aigua sense sal fins que estigui llesta. Escórrer i reservar.

2. En un bol gran barregem bé la tonyina, la ceba verda, el vinagre, l'oli, la ruca, la pasta i el pebre negre.

3. Barrejar bé i decorar amb formatge.

4. Servir i gaudir.

Informació nutricional: Calories: 566,3, Greixos: 42,4 g, Hidrats de carboni: 18,6 g, Proteïnes: 29,8 g, Sucres: 0,4 g, Sodi: 688,6 mg

Tiras de peix en crosta de coco

Racions: 4

Temps de cocció: 12 minuts

Ingredients:

Marinada

1 cullerada de salsa de soja

1 culleradeta de gingebre mòlt

½ tassa de llet de coco

2 cullerades de xarop d'auró

½ tassa de suc de pinya

2 culleradetes de salsa calenta

Peix

1 lliura de filet de peix, tallat a tires

Pebre segons sigui necessari

1 tassa de pa ratllat

1 tassa de flocs de coco (sense sucre)

Esprai de cuina

Indicacions:

1. Barregeu els ingredients de la marinada en un bol.

2. Incorporeu-hi les tires de peix.

3. Cobrir i refrigerar durant 2 hores.

4. Preescalfeu la fregidora a 375 graus F.

5. En un bol, barregeu el pebrot, el pa ratllat i els flocs de coco.

6. Submergeix les tires de peix a la barreja de pa ratllat.

7. Ruixeu la cistella de la fregidora amb oli.

8. Afegiu les tires de peix a la cistella de la fregidora.

9. Fregir a l'aire lliure durant 6 minuts per costat.

Racions de peix mexicà: 2

Temps de cocció: 10 minuts

Ingredients:

4 filets de peix

2 culleradetes d'orenga mexicana

4 culleradetes de comí

4 culleradetes de xili en pols

Pebre segons sigui necessari

Esprai de cuina

Indicacions:

1. Preescalfeu la fregidora a 400 graus F.

2. Ruixeu el peix amb oli.

3. Amaniu les dues cares del peix amb espècies i pebre.

4. Col·loqueu el peix a la cistella de la fregidora.

5. Coure durant 5 minuts.

6. Gireu i deixeu coure 5 minuts més.

Truita amb salsa de cogombre

Racions: 4

Temps de cocció: 10 minuts

Ingredients:

Salsa:

1 cogombre anglès, tallat a daus

¼ tassa de iogurt de coco sense sucre

2 cullerades de menta fresca picada

1 escalunya, parts blanques i verdes, picada

1 culleradeta de mel crua

Sal marina

Peix:

4 (5 oz) filets de truita, secs

1 cullerada d'oli d'oliva

Sal marina i pebre negre recent mòlt, al gustIndicacions:

1. Feu la salsa: barregeu el iogurt, el cogombre, la menta, les escalunyes, la mel i la sal marina en un bol petit fins que quedi ben integrat. Per deixar de banda.

2. Sobre un taulell net, fregueu lleugerament els filets de truita amb sal marina i pebre.

3. Escalfeu l'oli d'oliva en una paella gran a foc mitjà. Afegiu els filets de truita a la paella calenta i fregiu-los durant uns 10 minuts, donant la volta al peix a la meitat o fins que el peix estigui cuit al vostre gust.

4. Repartiu la salsa sobre el peix i serviu.

<u>Informació nutricional:</u>calories: 328; greix: 16,2 g; proteïna: 38,9 g; hidrats de carboni: 6,1 g

; fibra: 1,0 g; sucre: 3,2 g; sodi: 477 mg

Zoodles de llimona amb gambes

Racions: 4

Temps de cocció: 0 minuts

Ingredients:

Salsa:

½ tassa de fulles d'alfàbrega fresques envasades

Suc d'1 llimona (o 3 cullerades)

1 culleradeta d'all picat embotellat

una mica de sal

Un polsim de pebre negre recent mòlt

¼ tassa de llet de coco sencera en conserva

1 carbassa gran groga, tallada en juliana o en espirals 1 carbassa gran, tallada en juliana o en espiral

1 lliura (454 g) de gambes, pelades, bullides, pelades i refredades ratlladura d'1 llimona (opcional)

Indicacions:

1. Feu la salsa: barregeu les fulles d'alfàbrega, el suc de llimona, l'all, la sal marina i el pebre en un processador d'aliments fins que estiguin ben picats.

2. Aboqueu lentament la llet de coco mentre el processador encara funciona. Barrejar fins que estigui suau.

3. Transfereix la salsa a un bol gran, juntament amb la carbassa groga i el carbassó. Fes bé.

4. Espolseu les gambes i la ratlladura de llimona (si voleu) sobre els fideus. Serviu immediatament.

<u>Informació nutricional:</u>calories: 246; greix: 13,1 g; proteïna: 28,2 g; hidrats de carboni: 4,9 g

; fibra: 2,0 g; sucre: 2,8 g; sodi: 139 mg

Gambes cruixents

Racions: 4

Temps de cocció: 3 minuts

Ingredients:

1 lliura de gambes, pelades i netejades

½ tassa de barreja de pa per a peix

Esprai de cuina

Indicacions:

1. Preescalfeu la fregidora a 390 graus F.

2. Ruixeu les gambes amb oli.

3. Cobriu amb la barreja de pan.

4. Ruixeu la cistella de la fregidora amb oli.

5. Afegiu les gambes a la cistella de la fregidora d'aire.

6. Coure durant 3 minuts.

Llobarro a la brasa

Racions: 2

Ingredients:

2 grans d'all picats

Pebre.

1 cullerada. suc de llimona

2 filets de llobarro blanc

¼ culleradeta. barreja d'herbes

Indicacions:

1. Ruixeu una paella amb una mica d'oli d'oliva i poseu-hi els filets per sobre.

2. Ruixeu els filets amb el suc de llimona, els alls i les espècies.

3. Bulliu uns 10 minuts o fins que el peix estigui daurat.

4. Servir sobre un llit d'espinacs saltejats si ho desitja.

Informació nutricional:Calories: 169, Greixos: 9,3 g, Carbohidrats: 0,34 g, Proteïnes: 15,3

g, Sucres: 0,2 g, Sodi: 323 mg

Deliciós salmó Racions: 4

Temps de cocció: 10 minuts

Ingredients:

Esprai de cuina

1 lliura de filet de salmó, escamoss

¼ tassa de farina d'ametlla

2 culleradetes de condiment Old Bay

1 ceba verda, picada

Indicacions:

1. Preescalfeu la fregidora a 390 graus F.

2. Ruixeu la cistella de la fregidora amb oli.

3. En un bol, combineu la resta d'ingredients.

4. Formar mandonguilles amb la barreja.

5. Ruixeu amb oli els dos costats de les patates.

6. Fregir a l'aire lliure durant 8 minuts.

Bacallà picant

Racions: 4

Ingredients:

2 cullerades. Julivert fresc picat

2 lliures de filets de bacallà

2 c. salsa baixa en sodi

1 cullerada. oli sense gust

Indicacions:

1. Preescalfeu el forn a 350 °F.

2. En una safata de forn gran i profunda, aboqueu l'oli al fons.

Poseu els filets de bacallà al plat. Aboqueu la salsa sobre el peix. Cobrir amb paper d'alumini durant 20 minuts. Traieu el paper d'alumini durant els darrers 10 minuts de cocció.

3. Enfornar durant 20 - 30 minuts, fins que el peix quedi esmicolat.

4. Servir amb arròs blanc o integral. Decoreu amb el julivert.

Informació nutricional: Calories: 110, Greixos: 11 g, Carbohidrats: 83 g, Proteïnes: 16,5 g, Sucres: 0 g, Sodi: 122 mg

Truita fumada

Racions: 2

Ingredients:

2 culleradetes. Suc de llimona fresc

½ c. formatge cottage baix en greix

1 tija d'api tallada a daus

¼ de lliura de filet de truita fumada sense pell,

½ culleradeta. Salsa Worcestershire

1 culleradeta. salsa de xili

¼ c. ceba vermella picada gruixuda

Indicacions:

1. Combina la truita, la ricotta, la ceba vermella, el suc de llimona, la salsa de xili i la salsa Worcestershire en una batedora o processador d'aliments.

2. Barregeu fins que quedi suau, deixant de raspar els costats del bol segons sigui necessari.

3. Incorporar els daus d'api.

4. Emmagatzemar a la nevera en un recipient hermètic.

<u>Informació nutricional:</u>Calories: 57, Greixos: 4 g, Carbohidrats: 1 g, Proteïnes: 4 g, Sucres: 0 g, Sodi: 660 mg

Tonyina i escalunyes

Racions: 4

Ingredients:

½ c. brou de pollastre baix en sodi

1 cullerada. oli d'oliva

4 filets de tonyina desossats i sense pell

2 escalunyes picades

1 culleradeta. pebre vermell dolç

2 cullerades. suc de llima

¼ culleradeta. pebre negre

Indicacions:

1. Escalfem una paella amb l'oli a foc mitjà-alt, afegim les escalunyes i sofregim durant 3 minuts.

2. Afegiu el peix i deixeu-lo coure 4 minuts per costat.

3. Afegiu-hi la resta d'ingredients, deixeu-ho coure tot 3 minuts més, repartiu entre plats i serviu.

Informació nutricional: Calories: 4040, Greixos: 34,6 g, Hidrats de carboni: 3 g, Proteïnes: 21,4 g, Sucres: 0,5 g, Sodi: 1000 mg

Gambes amb llimona i pebre

Racions: 2

Temps de cocció: 10 minuts

Ingredients:

1 cullerada de suc de llimona

1 cullerada d'oli d'oliva

1 culleradeta de pebre llimona

¼ culleradeta d'all en pols

¼ culleradeta de pebre vermell

12 oz. gambes, pelades i netejades

Indicacions:

1. Preescalfeu la fregidora a 400 graus F.

2. Barregeu el suc de llimona, l'oli d'oliva, el pebre de llimona, l'all en pols i el pebre vermell en un bol.

3. Incorporeu-hi les gambes i cobriu-les uniformement amb la barreja.

4. Afegiu-lo a la fregidora.

5. Coure durant 8 minuts.

Racions de salmó cajun: 2

Temps de cocció: 10 minuts

Ingredients:

2 filets de salmó

Esprai de cuina

1 cullerada de condiment cajun

1 cullerada de mel

Indicacions:

1. Preescalfeu la fregidora a 390 graus F.

2. Feu un raig d'oli pels dos costats del peix.

3. Espolvorear amb condiment cajun.

4. Ruixeu la cistella de la fregidora amb oli.

5. Afegiu el salmó a la cistella de la fregidora.

6. Fregir durant 10 minuts.

Salmó amb quinoa i verdures

Racions: 4

Temps de cocció: 0 minuts

Ingredients:

1 lliure de salmó cuit, en escates

4 tasses de quinoa cuita

6 raves, a rodanxes fines

1 carbassó, tallat a mitja lluna

3 tasses de coca

3 escalunyes, picades

½ tassa d'oli d'ametlla

1 cullaradeta de salsa calenta sense sucre

1 cullarada de vinagre de sidra de poma

1 cullaradeta de sal marina

½ tassa d'ametlles en escates torrades, per guarnir (opcional)Indicacions:

1. En un bol gran, batem el salmó en escates, la quinoa cuita, els raves, el carbassó, la rúcula i les escalunyes i barregem bé.

2. Afegiu l'oli d'ametlla, la salsa picant, el vinagre de sidra de poma i la sal marina i remeneu per combinar.

3. Dividiu la barreja en quatre bols. Espolseu cada bol de manera uniforme amb les ametlles en escates per decorar, si ho desitja. Serviu immediatament.

Informació nutricional:calories: 769; greix: 51,6 g; proteïna: 37,2 g; hidrats de carboni: 44,8 g; fibra: 8,0 g; sucre: 4,0 g; sodi: 681 mg

Peix blanc cruixent Racions: 4

Temps de cocció: 15 minuts

Ingredients:

¼ tassa d'oli d'oliva

1 tassa de pa ratllat sec

4 filets de peix blanc

Pebre segons sigui necessari

Indicacions:

1. Preescalfeu la fregidora a 350 graus F.

2. Espolvorear els dos costats del peix amb pebre.

3. Combina l'oli i el pa ratllat en un bol.

4. Submergeix el peix a la barreja.

5. Premeu el pa ratllat perquè s'adhereixi.

6. Posa el peix a la fregidora d'aire.

7. Coure durant 15 minuts.

Mandonguilles de salmó Racions: 4

Temps de cocció: de 8 a 10 minuts

Ingredients:

1 lliura (454 g) de filets de salmó sense pell i desossats, picats ¼ tassa de ceba dolça picada

½ tassa de farina d'ametlla

2 grans d'all, picats

2 ous batuts

1 culleradeta de mostassa de Dijon

1 cullerada de suc de llimona acabat d'esprémer

Flocs de xili

½ culleradeta de sal marina

¼ de culleradeta de pebre negre recent mòlt

1 cullerada d'oli d'alvocat

Indicacions:

1. Barregeu el salmó picat, la ceba dolça, la farina d'ametlla, l'all, els ous batuts, la mostassa, el suc de llimona, els flocs de pebre vermell, la sal marina i el pebre en un bol gran i barregeu-los fins que quedin ben incorporats.

2. Deixeu reposar la barreja de salmó durant 5 minuts.

3. Agafeu la barreja de salmó i doneu-hi quatre panets de ½ polzada de gruix amb les mans.

4. Escalfeu l'oli d'alvocat en una paella gran a foc mitjà. Afegiu les mandonguilles a la paella calenta i cuini per cada costat durant 4 o 5 minuts fins que estiguin lleugerament daurades i cuites.

5. Retirar del foc i servir en un plat.

Informació nutricional:calories: 248; greix: 13,4 g; proteïnes: 28,4 g; hidrats de carboni: 4,1 g

; fibra: 2,0 g; sucre: 2,0 g; sodi: 443 mg

Deliciosos llagostins

Racions: 4

Temps de cocció: 10 minuts

Ingredients:

½ culleradeta de ceba en pols

½ culleradeta d'all en pols

½ culleradeta de pebre vermell

¼ de culleradeta de mostassa mòlta

⅛ culleradeta de sàlvia seca

⅛ culleradeta de farigola mòlta

⅛ culleradeta d'orenga seca

⅛ culleradeta d'alfàbrega seca

Pebre segons sigui necessari

3 cullerades de midó de blat de moro

1 lliura de gambes, pelades i netejades

Esprai de cuina

Indicacions:

1. Combina tots els ingredients excepte les gambes en un bol.

2. Cobriu les gambes amb la barreja.

3. Ruixeu oli a la cistella de la fregidora d'aire.

4. Preescalfeu la fregidora a 390 graus F.

5. Afegiu gambes dins.

6. Fregir durant 4 minuts.

7. Sacseja la cistella.

8. Cuini 5 minuts més.

Peix al forn picant

Racions: 5

Ingredients:

1 cullerada. oli d'oliva

1 culleradeta. condiment sense sal condimentat

1 lb de filet de salmó

Indicacions:

1. Preescalfeu el forn a 350F.

2. Regar el peix amb oli d'oliva i condimentar.

3. Coure durant 15 minuts sense tapa.

4. Tallar i servir.

Informació nutricional:Calories: 192, Greixos: 11 g, Hidrats de carboni: 14,9 g, Proteïnes: 33,1 g, Sucres: 0,3 g, Sodi: 505 6 mg

Tonyina amb pebre vermell Racions: 4

Ingredients:

½ culleradeta. xili en pols

2 culleradetes. pebre vermell dolç

¼ culleradeta. pebre negre

2 cullerades. oli d'oliva

4 filets de tonyina desossats

Indicacions:

1. Escalfeu una paella amb l'oli a foc mitjà-alt, afegiu-hi els filets de tonyina, amaniu-ho amb pebre vermell, pebre negre i xili en pols, deixeu-ho coure 5 minuts per costat, repartiu-los entre plats i serviu-ho amb una amanida.

Informació nutricional:Calories: 455, Greix: 20,6 g, Carbohidrats: 0,8 g, Proteïnes: 63,8

g, Sucres: 7,4 g, Sodi: 411 mg

Boles de peix Racions: 2

Temps de cocció: 7 minuts

Ingredients:

8 oz. filet de peix blanc, en escates

All en pols al gust

1 culleradeta de suc de llimona

Indicacions:

1. Preescalfeu la fregidora a 390 graus F.

2. Combina tots els ingredients.

3. Formeu mandonguilles amb la barreja.

4. Posa les boles de peix a la fregidora d'aire.

5. Coure durant 7 minuts.

Vieires escalfades amb mel

Racions: 4

Temps de cocció: 15 minuts

Ingredients:

1 lliura (454 g) de vieires grans, esbandides i assecades amb sal marina

Un polsim de pebre negre recent mòlt

2 cullerades d'oli d'alvocat

¼ tassa de mel crua

3 cullerades d'aminoàcids de coco

1 cullerada de vinagre de sidra de poma

2 grans d'all, picats

Indicacions:

1. En un bol, afegim les vieires, la sal marina i el pebre i remenem fins que quedin ben cobertes.

2. En una paella gran, escalfeu l'oli d'alvocat a foc mitjà-alt.

3. Sofregiu les vieires durant 2 o 3 minuts per cada costat, o fins que les vieires siguin de color blanc lletós o opacs i ferms.

4. Traieu les vieires del foc en un plat i estireu-les amb paper d'alumini per mantenir-les calentes. Per deixar de banda.

5. Afegiu a la cassola la mel, els aminoàcids de coco, el vinagre i l'all i barregeu-ho bé.

6. Portar a ebullició i coure uns 7 minuts fins que el líquid es redueixi, remenant de tant en tant.

7. Torneu les vieires escalfades a la paella, remenant-les per cobrir-les amb l'esmalt.

8. Repartiu les vieires entre quatre plats i serviu-les ben calentes.

<u>Informació nutricional:</u>calories: 382; greix: 18,9 g; proteïna: 21,2 g; hidrats de carboni: 26,1 g; fibra: 1,0 g; sucre: 17,7 g; sodi: 496 mg

Filets de bacallà amb bolets shiitake

Racions: 4

Temps de cocció: 15 a 18 minuts

Ingredients:

1 gra d'all, picat

1 porro, tallat a rodanxes fines

1 culleradeta d'arrel de gingebre fresc picat

1 cullerada d'oli d'oliva

½ got de vi blanc sec

½ tassa de bolets shiitake a rodanxes

4 filets de bacallà (170 g)

1 culleradeta de sal marina

⅛ culleradeta de pebre negre recent mòlt

Indicacions:

1. Preescalfeu el forn a 375ºF (190ºC).

2. Combineu l'all, el porro, l'arrel de gingebre, el vi, l'oli d'oliva i els bolets en una paella i remeneu fins que els bolets estiguin ben coberts.

3. Coure al forn preescalfat durant 10 minuts fins que estigui lleugerament daurat.

4. Retireu la cassola del forn. Repartiu els filets de bacallà per sobre i rectifiqueu de sal i pebre.

5. Cobrir amb paper d'alumini i tornar a posar al forn. Cuinar entre 5 i 8

minuts més o fins que el peix estigui escamost.

6. Retireu el paper d'alumini i deixeu-ho refredar 5 minuts abans de servir.

Informació nutricional:calories: 166; greix: 6,9 g; proteïna: 21,2 g; hidrats de carboni: 4,8 g; fibra: 1,0 g; sucre: 1,0 g; sodi: 857 mg

Llobarro blanc a la brasa

Racions: 2

Ingredients:

1 culleradeta. all picat

Pebre negre mòlt

1 cullerada. suc de llimona

8 oz. filets de llobarro blanc

¼ culleradeta. Barreja de condiments d'herbes sense sal

Indicacions:

1. Preescalfeu la graella i col·loqueu la reixeta a 4 polzades de la font de calor.

2. Ruixeu lleugerament una safata de forn amb esprai de cuina. Poseu els filets a la paella. Espolvorear els filets amb el suc de llimona, l'all, l'amaniment d'herbes i el pebre.

3. Bulliu fins que el peix estigui completament opac quan ho proveu amb la punta d'un ganivet, uns 8 a 10 minuts.

4. Serviu immediatament.

Informació nutricional: Calories: 114, Greixos: 2 g, Hidrats de carboni: 2 g, Proteïnes: 21 g, Sucres: 0,5 g, Sodi: 78 mg

Lluç al forn amb tomàquet

Racions: 4-5

Ingredients:

½ c. salsa de tomàquet

1 cullerada. oli d'oliva

julivert

2 tomàquets a rodanxes

½ c. formatge gratinat

4 lliures de lluç desossat i tallat a rodanxes

Sal.

Indicacions:

1. Preescalfeu el forn a 400 °F.

2. Condimenteu el peix amb sal.

3. En una paella o cassola; fregiu el peix en oli d'oliva fins que estigui mig cuit.

4. Agafeu quatre làmines de paper d'alumini per cobrir el peix.

5. Donar forma a l'embolcall perquè sembli recipients; afegiu la salsa de tomàquet a cada recipient d'alumini.

6. Afegir el peix, les rodanxes de tomàquet i decorar amb el formatge ratllat.

7. Enfornar fins que estigui daurat, uns 20-25

minuts.

8. Obriu els paquets i guarniu-los amb el julivert.

Informació nutricional:Calories: 265, Greixos: 15 g, Carbohidrats: 18 g, Proteïnes: 22 g, Sucres: 0,5 g, Sodi: 94,6 mg

Eglefino escalfat amb remolatxa

Racions: 4

Temps de cocció: 30 minuts

Ingredients:

8 remolatxes, pelades i tallades en vuitens

2 escalunyes, a rodanxes fines

2 cullerades de vinagre de sidra de poma

2 cullerades d'oli d'oliva, dividit

1 culleradeta d'all picat embotellat

1 culleradeta de farigola fresca picada

una mica de sal

4 filets d'eglefin (5 oz/142 g), secs<u>Indicacions:</u>

1. Preescalfeu el forn a 400ºF (205ºC).

2. Combineu la remolatxa, les escalunyes, el vinagre, 1 cullerada d'oli d'oliva, l'all, la farigola i la sal marina en un bol mitjà i barregeu bé per arrebossar-los.

Repartiu la barreja de remolatxa en una safata de forn.

3. Coure al forn preescalfat durant uns 30 minuts, girant una o dues vegades amb una espàtula, o fins que la remolatxa estigui tendre.

4. Mentrestant, escalfeu la cullerada restant d'oli d'oliva en una paella gran a foc mitjà-alt.

5. Afegiu l'eglefí i salteu-ho per cada costat durant 4 o 5 minuts, o fins que la carn sigui opaca i s'escafi fàcilment.

6. Transferiu el peix a un plat i serviu-ho cobert amb la remolatxa rostida.

Informació nutricional:calories: 343; greix: 8,8 g; proteïna: 38,1 g; hidrats de carboni: 20,9 g

; fibra: 4,0 g; sucre: 11,5 g; sodi: 540 mg

Salmó amb llima kaffir

Racions: 8

Ingredients:

1 tija de llimona tallada a quarts i contusionada

2 fulles de llima kaffir trencades

1 llimona tallada a rodanxes fines

1 ½ c. fulles fresques de coriandre

1 filet de salmó sencer

Indicacions:

1. Preescalfeu el forn a 350 °F.

2. Cobriu una safata de forn amb paper d'alumini, superposant els costats.

3. Col·loqueu el salmó sobre paper d'alumini, guarniu-lo amb llimona, fulles de llima, herba de llimona i 1 tassa de fulles de coriandre. Opció: Amaniu-ho amb sal i pebre.

4. Porta la vora llarga de la làmina al centre abans de plegar el segell.

Enrotlleu els extrems per tancar el salmó.

5. Enfornar durant 30 minuts.

6. Transfereix el peix cuit a un plat. Damunt amb coriandre fresc.

Serviu amb arròs blanc o integral.

Informació nutricional: Calories: 103, Greixos: 11,8 g, Hidrats de carboni: 43,5 g, Proteïnes: 18 g, Sucres: 0,7 g, Sodi: 322 mg

Salmó Tend En Salsa De Mostassa

Racions: 2

Ingredients:

5 cullerades. Anet picat

2/3 c. crema agra

Pebre.

2 cullerades. Mostassa de Dijon

1 culleradeta. All en pols

5 oz. filets de salmó

2-3 cullerades. Suc de llimona

Indicacions:

1. Barreja la crema agra, la mostassa, el suc de llimona i l'anet.

2. Salpebreu els filets amb pebre i all en pols.

3. Col·loqueu el salmó amb la pell cap avall en una safata de forn i cobriu-lo amb la salsa de mostassa preparada.

4. Coure al forn durant 20 minuts a 390 °F.

Informació nutricional: Calories: 318, Greixos: 12 g, Hidrats de carboni: 8 g, Proteïnes: 40,9 g, Sucres: 909,4 g, Sodi: 1,4 mg

Amanida de cranc

Racions: 4

Ingredients:

2 c. carn de cranc

1 c. tomàquets cherry tallats per la meitat

1 cullerada. oli d'oliva

pebre negre

1 escalunya picada

1/3 c. coriandre picat

1 cullerada. suc de llimona

Indicacions:

1. En un bol, combineu el cranc amb els tomàquets i altres ingredients, barregeu i serviu.

Informació nutricional:Calories: 54, Greixos: 3,9 g, Carbohidrats: 2,6 g, Proteïnes: 2,3 g, Sucres: 2,3 g, Sodi: 462,5 mg

Salmó al forn amb salsa de miso

Racions: 4

Temps de cocció: 15 a 20 minuts

Ingredients:

Salsa:

¼ tassa de sidra de poma

¼ tassa de miso blanc

1 cullerada d'oli d'oliva

1 cullerada de vinagre d'arròs blanc

⅛ culleradeta de gingebre mòlt

4 (85 a 113 g) filets de salmó desossats 1 escalunya, a rodanxes, per guarnir

⅛ culleradeta de flocs de pebre vermell, per guarnir

Indicacions:

1. Preescalfeu el forn a 375ºF (190ºC).

2. Feu la salsa: barregeu la sidra de poma, el miso blanc, l'oli d'oliva, el vinagre d'arròs i el gingebre en un bol petit. Afegiu una mica d'aigua si voleu una consistència més fina.

3. Col·loqueu els filets de salmó en una cassola per rostir, amb la pell cap avall. Aboqui la salsa preparada sobre els filets per cobrir uniformement.

4. Coure al forn preescalfat durant 15-20 minuts, o fins que el peix s'escafi fàcilment amb una forquilla.

5. Decoreu amb les escalunyes a rodanxes i els flocs de pebrot vermell i serviu.

Informació nutricional:calories: 466; greix: 18,4 g; proteïna: 67,5 g; hidrats de carboni: 9,1 g

; fibra: 1,0 g; sucre: 2,7 g; sodi: 819 mg

Bacallà al forn cobert d'herbes amb mel

Racions: 2

Ingredients:

6 cullerades. Farciment amb gust d'herbes

8 oz. Filets de bacallà

2 cullerades. mel

Indicacions:

1. Preescalfeu el forn a 375 °F.

2. Ruixeu lleugerament una safata de forn amb esprai de cuina.

3. Col·loqueu el farcit aromatitzat a herbes en una bossa i tanqueu-lo. Tritureu el farcit fins que quedi cruixent.

4. Cobriu el peix amb mel i traieu-ne la mel restant.

Afegiu un filet a la bossa de farcit i remeneu-lo suaument per cobrir completament el peix.

5. Transferiu el bacallà a la safata i repetiu el procés per al segon peix.

6. Embolicar els filets amb paper d'alumini i coure fins que estiguin ferms i opacs quan estiguin a prova amb la punta d'un ganivet, uns deu minuts.

7. Servir calent.

<u>Informació nutricional:</u>Calories: 185, Greixos: 1 g, Carbohidrats: 23 g, Proteïnes: 21 g, Sucres: 2 g, Sodi: 144,3 mg

Bacallà barrejat amb parmesà Racions: 4

Ingredients:

1 cullerada. suc de llimona

½ c. ceba verda picada

4 filets de bacallà desossats

3 grans d'all picats

1 cullerada. oli d'oliva

½ c. parmesà ratllat baix en greix

Indicacions:

1. Escalfeu una paella amb l'oli a foc mitjà, afegiu-hi els alls i les cebes verdes, remeneu-ho i sofregiu-ho durant 5 minuts.

2. Afegiu el peix i deixeu-lo coure 4 minuts per costat.

3. Afegiu-hi el suc de llimona, ruixeu-ho amb el parmesà, deixeu-ho coure tot 2 minuts més, repartiu-lo entre plats i serviu.

Informació nutricional:Calories: 275, Greixos: 22,1 g, Hidrats de carboni: 18,2 g, Proteïnes: 12 g, Sucres: 0,34 g, Sodi: 285,4 mg

Llagostins cruixents d'all

Racions: 4

Temps de cocció: 10 minuts

Ingredients:

1 lliura de gambes, pelades i netejades

2 culleradetes d'all en pols

Pebre segons sigui necessari

¼ tassa de farina

Esprai de cuina

Indicacions:

1. Amaniu les gambes amb all en pols i pebre.

2. Espolvorear amb farina.

3. Ruixeu la cistella de la fregidora amb oli.

4. Afegiu les gambes a la cistella de la fregidora.

5. Coure al forn a 400 graus F durant 10 minuts, girant una vegada a la meitat de la cocció.

Barreja cremosa de llobarro Racions: 4

Ingredients:

1 cullerada. julivert picat

2 cullerades. oli d'alvocat

1 c. crema de coco

1 cullerada. suc de llima

1 ceba groga picada

¼ culleradeta. pebre negre

4 filets de llobarro desossats

Indicacions:

1. Escalfem una paella amb l'oli a foc mitjà, afegim la ceba, remenem i sofregim 2 minuts.

2. Afegiu el peix i deixeu-lo coure 4 minuts per costat.

3. Afegiu-hi la resta d'ingredients, deixeu-ho coure tot 4 minuts més, repartiu entre plats i serviu.

Informació nutricional: Calories: 283, Greixos: 12,3 g, Hidrats de carboni: 12,5 g, Proteïnes: 8 g, Sucres: 6 g, Sodi: 508,8 mg

Cogombre Ahi Poke

Racions: 4

Temps de cocció: 0 minuts

Ingredients:

Ai Poke:

1 lliura (454 g) de tonyina ahi sushi, tallada a daus d'1 polzada 3 cullerades d'aminoàcids de coco

3 escalunyes, a rodanxes fines

1 pebrot serrano, sense llavors i picat (opcional) 1 culleradeta d'oli d'oliva

1 culleradeta de vinagre d'arròs

1 culleradeta de llavors de sèsam torrades

Gingebre picat

1 alvocat gran, tallat a daus

1 cogombre, tallat a rodanxes de ½ polzada de gruix Indicacions:

1. Feu l'ahi poke: barregeu els daus de tonyina ahi amb els aminoàcids de coco, escalunyes, xiles serranos (opcional), oli d'oliva, vinagre, llavors de sèsam i gingebre en un bol gran.

2. Cobriu el bol amb paper de plàstic i deixeu-ho marinar a la nevera durant 15

minuts.

3. Afegiu l'alvocat tallat a daus al bol ahi poke i remeneu per incorporar-lo.

4. Disposeu les rodanxes de cogombre en un plat de servir. Aboqui l'ahi poke sobre el cogombre i serviu.

Informació nutricional:calories: 213; greix: 15,1 g; proteïna: 10,1 g; hidrats de carboni: 10,8 g; fibra: 4,0 g; sucre: 0,6 g; sodi: 70 mg

Tilàpia cremosa

Racions: 4

Ingredients:

2 cullerades. Coriandre fresc picat

¼ c. maionesa baixa en greixos

Pebre negre recent mòlt

¼ c. suc de llimona fresc

4 filets de tilàpia

½ c. parmesà ratllat baix en greix

½ culleradeta. All en pols

Indicacions:

1. En un bol, combineu tots els ingredients excepte els filets de tilàpia i el coriandre.

2. Cobriu els filets uniformement amb la barreja de maionesa.

3. Col·loqueu els filets sobre paper d'alumini gran. Emboliqui el paper d'alumini al voltant dels filets per segellar-los.

4. Col·loqueu paper d'alumini al fons d'una olla de cuina lenta gran.

5. Posa l'olla de cocció lenta a baix.

6. Tapar i coure durant 3-4 hores.

7. Serviu amb la guarnició de coriandre.

<u>Informació nutricional:</u>Calories: 133,6, Greixos: 2,4 g, Hidrats de carboni: 4,6 g, Proteïnes: 22 g, Sucres: 0,9 g, Sodi: 510,4 mg

Llobarro amb gingebre

Racions: 4

Ingredients:

4 filets de llobarro desossats

2 cullerades. oli d'oliva

1 culleradeta. gingebre ratllat

1 cullerada. coriandre picat

pebre negre

1 cullerada. vinagre balsàmic

Indicacions:

1. Escalfeu una paella amb l'oli a foc mitjà, afegiu-hi el peix i deixeu-ho coure 5 minuts per banda.

2. Afegiu-hi la resta d'ingredients, deixeu-ho coure 5 minuts més, repartiu entre plats i serviu.

Informació nutricional:Calories: 267, Greixos: 11,2 g, Hidrats de carboni: 1,5 g, Proteïnes: 23 g, Sucres: 0,78 g, Sodi: 321,2 mg

Gamba de coco

Racions: 4

Temps de cocció: 6 minuts

Ingredients:

2 ous

1 tassa de coco dessecat sense sucre

¼ tassa de farina de coco

¼ culleradeta de pebre vermell

Un polsim de pebre de caiena

½ culleradeta de sal marina

Un polsim de pebre negre recent mòlt

¼ tassa d'oli de coco

1 lliura (454 g) de gambes crues, pelades, netejades i assecades<u>Indicacions:</u>

1. Bateu els ous en un bol petit i poc profund fins que quedin esponjosos. Per deixar de banda.

2. En un bol a part, barregeu el coco, la farina de coco, el pebre vermell, el pebre de caiena, la sal marina i el pebre negre i remeneu-ho fins que quedi ben integrat.

3. Submergeix les gambes a l'ou batut i després arrebossa les gambes amb la barreja de coco. Sacsejar l'excés.

4. Escalfeu l'oli de coco en una paella gran a foc mitjà-alt.

5. Afegiu-hi les gambes i deixeu-ho coure durant 3-6 minuts, remenant de tant en tant o fins que la carn estigui completament rosada i opaca.

6. Transferiu les gambes cuites a un plat folrat amb tovalloles de paper per escórrer. Servir calent.

<u>Informació nutricional:</u>calories: 278; greix: 1,9 g; proteïna: 19,2 g; hidrats de carboni: 5,8 g; fibra: 3,1 g; sucre: 2,3 g; sodi: 556 mg

Carn de porc amb carabassa i nou moscada

Racions: 4

Temps de cocció: 35 minuts

Ingredients:

1 lb de carn de porc estofada, a daus

1 carbassa butternut, pelada i tallada a daus

1 ceba groga, picada

2 cullerades d'oli d'oliva

2 grans d'all, picats

½ culleradeta de garam masala

½ culleradeta de nou moscada, mòlta

1 culleradeta de flocs de xili, triturats

1 cullerada de vinagre balsàmic

Una mica de sal marina i pebre negre

Indicacions:

1. Escalfem una paella amb l'oli a foc mitjà-alt, afegim la ceba i l'all i sofregim durant 5 minuts.

2. Afegiu la carn i sofregiu-ho 5 minuts més.

3. Afegir la resta d'ingredients, remenar, coure a foc mitjà durant 25 minuts, repartir entre plats i servir.

Informació nutricional:calories 348, greixos 18,2, fibra 2,1, hidrats de carboni 11,4, proteïnes 34,3

Arròs amb gambes amb mantega i llimona

Porcions: 3

Temps de cocció: 10 minuts

Ingredients:

¼ tassa d'arròs salvatge cuit

½ culleradeta. Mantega, dividida

¼ culleradeta. oli d'oliva

1 tassa de gambes crues, pelades, pelades, escorregudes ¼ tassa de pèsols congelats, descongelats, esbandits, escorreguts

1 cullerada. suc de llimona, acabat d'esprémer

1 cullerada. cibulet, picat

Una mica de sal marina, al gust

Indicacions:

1. Aboqui ¼ de culleradeta. Mantega i oli al wok a foc mitjà. Afegiu les gambes i els pèsols. Sofregiu fins que les gambes es tornin rosa coral, uns 5-7

minuts.

2. Afegiu l'arròs salvatge i deixeu-ho coure fins que s'escalfi, rectifiqueu de sal i mantega.

3. Transferir a un plat. Espolvorear amb cibulet i suc de llimona.

Servir.

<u>Informació nutricional:</u>Calories 510 Carbohidrats: 0 g Greix: 0 g Proteïnes: 0 g

Flan de gambes i llima amb carbassó i blat de moro Racions: 4

Temps de cocció: 20 minuts

Ingredients:

1 cullerada d'oli d'oliva verge extra

2 carbassons petits, tallats a daus d'¼ de polzada

1 tassa de grans de blat de moro congelats

2 escalunyes, a rodanxes fines

1 culleradeta de sal

½ culleradeta de comí mòlt

1/2 culleradeta de pebre chipotle en pols

1 lliura de gambes pelades, descongelades si cal

1 cullerada de coriandre fresc picat finament

La ratlladura i el suc d'1 llima

Indicacions:

1. Preescalfeu el forn a 400 ° F. Unteu la safata amb oli.

2. A la safata de forn, combineu el carbassó, el blat de moro, les escalunyes, la sal, el comí i el xili en pols i barregeu-ho bé. Disposar en una sola capa.

3. Afegiu-hi gambes per sobre. Torrar en 15-20 minuts.

4. Afegir el coriandre, la ratlladura de llima i el suc, remenar per combinar i servir.

Informació nutricional:Calories 184 Total de greixos: 5 g Total de carbohidrats: 11 g Sucre: 3 g Fibra: 2 g Proteïnes: 26 g Sodi: 846 mg

Sopa de coliflor

Racions: 10

Temps de cocció: 10 minuts

Ingredients:

¾ tassa d'aigua

2 culleradetes d'oli d'oliva

1 ceba, tallada a daus

1 cap de coliflor, només flors

1 llauna de llet de coco sencera

1 culleradeta de cúrcuma

1 culleradeta de gingebre

1 culleradeta de mel crua

Indicacions:

1. Col·loqueu tots els elements de fixació en una olla gran i feu-ho bullir uns 10

minuts.

2. Feu servir una batedora d'immersió per fer puré i fer la sopa suau.

Servir.

Informació nutricional:Carbohidrats totals 7 g Fibra dietètica: 2 g

Carbohidrats nets: Proteïnes: 2 g Greixos totals: 11 g Calories: 129

Hamburgueses de mongetes negres amb moniatos Racions: 6

Temps de cocció: 10 minuts

Ingredients:

1/2 jalapeño, sense llavors i tallat a daus

1/2 tassa de quinoa

6 panets d'hamburguesa integrals

1 llauna de mongetes negres, esbandides i escorregudes

Oli d'oliva / oli de coco, per cuinar

1 moniato

1/2 tassa de ceba vermella, tallada a daus

4 cullerades de farina de civada sense gluten

2 grans d'all, picats

2 culleradetes de condiment cajun picant

1/2 tassa de coriandre picat

1 culleradeta de comí

Brots

Sal al gust

Pebre, prou

Per a la crema:

2 cullerades de coriandre picat

1/2 alvocat madur, tallat a daus

4 cullerades de crema agra baixa en greix / iogurt grec natural 1 culleradeta de suc de llima

Indicacions:

1. Esbandiu la quinoa sota aigua freda. Poseu una tassa d'aigua en una cassola i escalfeu-la. Afegir la quinoa i portar a ebullició.

2. Tapeu, després deixeu coure a foc lent fins que s'absorbeixi tota l'aigua, uns 15 minuts.

3. Apagueu el foc i inflau la quinoa amb una forquilla. A continuació, transferiu la quinoa a un bol i deixeu-la refredar durant 5-10 minuts.

4. Piqueu les patates amb una forquilla i després poseu-les al microones uns minuts, fins que estiguin ben cuites i toves. Un cop cuita, pelem la patata i la deixem refredar.

5. Afegiu la patata cuita a un processador d'aliments juntament amb 1 llauna de mongetes negres, ½ tassa de coriandre picat, 2 culleradetes de condiment cajun, ½

tassa de ceba tallada a daus, 1 culleradeta de comí i 2 grans d'all picats.

Barrejar fins a obtenir una mescla homogènia. Transferiu-ho a un bol i afegiu-hi la quinoa cuita.

6. Afegiu la farina de civada/segó de civada. Barregeu bé i formeu 6 mandonguilles. Col·loqueu les mandonguilles en una safata de forn i poseu-les a la nevera durant aproximadament mitja hora.

7. Afegiu tots els ingredients de la crema a un robot d'aliments. Barrejar fins que estigui suau. Rectifiqueu de sal al gust i reserveu a la nevera.

8. Unteu una paella amb oli i escalfeu-la a foc mitjà.

Cuini cada costat de les patates fins que estiguin daurades, només durant 3 o 4 minuts.

Serviu amb nata, brots, rotllos i al costat de qualsevol dels vostres ingredients preferits.

Informació nutricional: 206 calories 6 g de greix 33,9 g de carbohidrats totals 7,9 g de proteïnes

Sopa de bolets de coco

Racions: 3

Temps de cocció: 10 minuts

Ingredients:

1 cullerada d'oli de coco

1 cullerada de gingebre mòlt

1 tassa de bolets cremini, picats

½ culleradeta de cúrcuma

2 1/2 tasses d'aigua

½ tassa de llet de coco en conserva

Sal marina al gust

Indicacions:

1. Escalfeu l'oli de coco a foc mitjà en una olla gran i afegiu-hi els bolets. Coure durant 3-4 minuts.

2. Posar els elements de fixació restants i bullir. Deixeu-ho coure a foc lent durant 5 minuts.

3. Reparteix entre tres bols de sopa i gaudeix!

Informació nutricional: Carbohidrats totals 4 g Fibra dietètica: 1 g Proteïnes: 2 g Greixos totals: 14 g Calories: 143

Amanida de fruites a l'hivern

Porcions: 6

Temps de cocció: 0 minuts

Ingredients:

4 moniatos cuits, tallats a daus (daus d'1 polzada) 3 peres, tallats a daus (daus d'1 polzada)

1 tassa de raïm, tallada a la meitat

1 poma tallada a daus

½ tassa de la meitat de les pacanes

2 cullerades d'oli d'oliva

1 cullerada de vinagre de vi negre

2 cullerades de mel crua

Indicacions:

1. Barregeu l'oli d'oliva, el vinagre de vi negre i després la mel crua per fer l'amaniment i reserveu-ho.

2. Combina la fruita picada, el moniato i les meitats de pacana i divideix-ho en sis bols. Amaniu cada bol amb l'amaniment.

Informació nutricional: Carbohidrats totals 40 g Fibra dietètica: 6 g Proteïnes: 3 g Greixos totals: 11 g Calories: 251

Cuxes de pollastre a la mel amb pastanagues

Racions: 4

Temps de cocció: 50 minuts

Ingredients:

2 cullerades de mantega sense sal, temperatura ambient 3 pastanagues grans, a rodanxes fines

2 grans d'all, picats

4 cuixes de pollastre sense ossos i amb pell

1 culleradeta de sal

½ culleradeta de romaní sec

¼ de culleradeta de pebre negre recent mòlt

2 cullerades de mel

1 tassa de brou de pollastre o brou de verdures

Falcons de llimona, per servir

Indicacions:

1. Preescalfeu el forn a 400 ° F. Unteu la safata amb mantega.

2. Disposeu les pastanagues i els alls en una sola capa a la safata per al forn.

3. Col·loqueu el pollastre, amb la pell cap amunt, a sobre de les verdures i amaniu-ho amb sal, romaní i pebre.

4. Posar la mel per sobre i afegir el brou.

5. Torrat en 40-45 minuts. Retirar i deixar reposar 5

minuts i serviu-ho amb rodanxes de llimona.

Informació nutricional:Calories 428 Greixos totals: 28 g Carbohidrats totals: 15 g Sucre: 11 g Fibra: 2 g Proteïnes: 30 g Sodi: 732 mg

Chili gall dindi

Porcions: 8

Temps de cocció: 4 hores i 10 minuts

Ingredients:

1 lliura de gall dindi mòlt, preferiblement 99% magre

2 llaunes de mongetes vermelles, esbandides i escorregudes (15 unces cadascuna) 1 pebrot vermell, picat

2 llaunes de salsa de tomàquet (15 oz cadascuna)

1 pot de pebrots jalapeños domèstics a rodanxes, escorreguts (16 oz) 2 llaunes de tomàquet petit, tallats a daus (15 oz cadascun) 1 cullerada de comí

1 pebrot groc, picat gruixut

2 llaunes de mongetes negres, preferiblement esbandides i escorregudes (15 unces cadascuna) 1 tassa de blat de moro, congelada

2 cullerades de xili en pols

1 cullerada d'oli d'oliva

Pebre negre i sal al gust

1 ceba mitjana, tallada a daus

Ceba verde, alvocat, formatge ratllat, iogurt grec/crema agra, per acabar, opcional

Indicacions:

1. Escalfeu l'oli fins que estigui calent en una paella gran. Un cop fet, poseu amb cura el gall dindi a la paella calenta i cuini fins que estigui daurat. Aboqueu el gall dindi al fons de la cocció lenta, preferiblement 6 quarts.

2. Afegiu els jalapeños, el blat de moro, els pebrots, la ceba, els tomàquets tallats a daus, la salsa de tomàquet, les mongetes, el comí i el xili en pols. Remeneu, després poseu pebre i sal al gust.

3. Tapar i coure durant 6 hores a foc lent o 4 hores a foc fort.

Serviu-ho amb els ingredients opcionals i gaudiu.

Informació nutricional: kcal 455 Greixos: 9 g Fibra: 19 g Proteïnes: 38 g

Sopa de llenties amb espècies

Racions: 5

Temps de cocció: 25 minuts

Ingredients:

1 tassa de ceba groga (tallada a daus)

1 tassa de pastanaga (tallada a daus)

1 tassa de nap

2 cullerades d'oli d'oliva verge extra

2 cullerades de vinagre balsàmic

4 tasses d'espinacs infantils

2 tasses de llenties marrons

¼ tassa de julivert fresc

Indicacions:

1. Preescalfeu l'olla a pressió a foc mitjà i afegiu-hi l'oli d'oliva i les verdures.

2. Passats els 5 minuts, afegiu el brou, les llenties i la sal a l'olla i deixeu-ho coure a foc lent durant 15 minuts.

3. Traieu la tapa i afegiu-hi els espinacs i el vinagre.

4. Remeneu la sopa durant 5 minuts i apagueu el foc.

5. Decoreu amb julivert fresc.

Informació nutricional:Calories 96 Hidrats de carboni: 16 g Greixos: 1 g Proteïnes: 4 g

Pollastre a l'all i verdures

Porcions: 4

Temps de cocció: 45 minuts

Ingredients:

2 culleradetes d'oli d'oliva verge extra

1 porro, només la part blanca, tallat a rodanxes fines

2 carbassons grans, tallats a rodanxes d'¼ de polzada

4 pits de pollastre sense ossos i amb pell

3 grans d'all, picats

1 culleradeta de sal

1 culleradeta d'orenga seca

¼ de culleradeta de pebre negre recent mòlt

½ got de vi blanc

Suc d'1 llimona

Indicacions:

1. Preescalfeu el forn a 400 ° F. Unteu la safata amb oli.

2. Poseu el porro i els carbassons a la safata.

3. Col·loqueu la pell del pollastre cap amunt i empolseu-hi l'all, la sal, l'orenga i el pebre. Afegiu el vi.

4. Torrat en 35-40 minuts. Retirar i deixar reposar 5 minuts.

5. Afegir suc de llimona i servir.

Informació nutricional:Calories 315 Greixos totals: 8 g Carbohidrats totals: 12 g Sucre: 4 g Fibra: 2 g Proteïnes: 44 g Sodi: 685 mg

Amanida de salmó fumat

Racions: 4

Temps de cocció: 20 minuts

Ingredients:

2 bulbs de fonoll per a nadons, a rodanxes fines, unes quantes fulles reservades 1 cullerada de tàperes per a nadons salades, esbandides i escorregudes ½ tassa de iogurt natural

2 cullerades de julivert picat

1 cullerada de suc de llimona, acabat d'esprémer

2 cullerades de cibulet fresc, picat

1 cullerada d'estragó fresc picat

180 g de salmó fumat a rodanxes, una mica de sal

½ ceba vermella, tallada a rodanxes fines

1 culleradeta de ratlladura de llimona, ratllada finament

½ tassa de llenties verdes franceses, esbandides

60 g d'espinacs infantils frescos

½ alvocat, tallat a rodanxes

Un polsim de sucre granulat

Indicacions:

1. Posar aigua en una cassola gran amb aigua i bullir a foc moderat. Un cop bullint; coure les llenties fins que estiguin tendres, 20 minuts; escorreu bé.

2. Mentrestant, preescalfeu una paella a foc fort.

Regar les rodanxes de fonoll amb una mica d'oli i coure fins que estiguin tendres, durant 2

minuts per costat.

3. Processa el cibulet, el julivert, el iogurt, l'estragó, la ratlladura de llimona i les tàperes en un robot d'aliments fins que estiguin completament barrejats i, a continuació, amanim amb pebre al gust.

4. Poseu la ceba amb el sucre, el suc i una mica de sal en un bol gran. Deixar de banda un parell de minuts i després escórrer.

5. Combina les llenties amb la ceba, el fonoll, l'alvocat i els espinacs en un bol gran. Repartiu-ho uniformement entre plats i després guarniu amb el peix. Espolvorear amb les fulles de fonoll sobrants i més julivert fresc. Ruixiu amb condiment de la deessa verda. Gaudeix.

<u>Informació nutricional:</u>kcal 368 Greixos: 14 g Fibra: 8 g Proteïnes: 20 g

Amanida de mongetes Shawarma

Porcions: 2

Temps de cocció: 20 minuts

Ingredients:

Per preparar l'amanida

20 xips de pita

5 unces d'enciam de primavera

10 tomàquets cherry

¾ tassa de julivert fresc

¼ tassa de ceba vermella (picada)

Per als cigrons

1 cullerada d'oli d'oliva

1 cullerada de comí i cúrcuma

½ cullerada de pebre vermell i coriandre en pols 1 polsim de pebre negre

½ Sal kosher pobre

¼ de cullerada de gingebre i canyella mòlta

Per preparar l'amaniment

3 grans d'all

1 cullerada de trepant sec

1 cullerada de suc de llima

cascada

½ tassa d'hummus

Indicacions:

1. Poseu una reixeta al forn ja preescalfat (204°C). Barregeu els cigrons amb totes les espècies i herbes.

2. Posa una fina capa de cigrons a la safata de forn i enforna durant gairebé 20 minuts. Cuini fins que les mongetes estiguin daurades.

3. Per preparar l'amaniment, combineu tots els ingredients en un bol i barregeu-los. Afegiu aigua gradualment per aconseguir una suavitat adequada.

4. Barreja totes les herbes i espècies per preparar l'amanida.

5. Per servir, afegiu les patates fregides i les mongetes de pita a l'amanida i aboqueu-hi una mica de condiment.

Informació nutricional:Calories 173 Carbohidrats: 8 g Greix: 6 g Proteïnes: 19 g

Arròs fregit amb pinya

Porcions: 4

Temps de cocció: 20 minuts

Ingredients:

2 pastanagues, pelades i ratllades

2 cebes verdes, tallades a rodanxes

3 cullerades de salsa de soja

1/2 tassa de pernil, tallat a daus

1 cullerada d'oli de sèsam

2 tasses de pinya en llauna/fresca, tallada a daus

1/2 culleradeta de gingebre mòlt

3 tasses d'arròs integral, cuit

1/4 culleradeta de pebre blanc

2 cullerades d'oli d'oliva

1/2 tassa de pèsols congelats

2 grans d'all, picats

1/2 tassa de blat de moro congelat

1 ceba, tallada a daus

Indicacions:

1. Poseu 1 cullerada d'oli de sèsam, 3 cullerades de salsa de soja, 2 pessics de pebre blanc i 1/2 culleradeta de gingebre mòlt en un bol. Barregeu-ho bé i reserveu-ho.

2. Preescalfeu l'oli en una paella. Afegiu-hi l'all i la ceba tallada a daus.

Cuini uns 3-4 minuts, remenant sovint.

3. Afegiu 1/2 tassa de pèsols congelats, pastanagues ratllades i 1/2 tassa de blat de moro congelat.

Remeneu fins que les verdures estiguin tendres, només uns minuts.

4. Incorporeu la barreja de salsa de soja, 2 tasses de pinya tallada a daus, 1/2 tassa de pernil picat, 3 tasses d'arròs integral cuit i les cebes verdes a rodanxes.

Cuini uns 2-3 minuts, remenant sovint. Serviu!

Informació nutricional: 252 calories 12,8 g greix 33 g carbohidrats totals 3 g proteïnes

Sopa de llenties

Porcions: 2

Temps de cocció: 30 minuts

Ingredients:

2 pastanagues, mitjanes i tallades a daus

2 cullerades. Suc de llimona, fresc

1 cullerada. Pols de cúrcuma

1/3 tassa de llenties, cuites

1 cullerada. Ametlles picades

1 branca d'api, tallada a daus

1 manat de julivert acabat de picar

1 ceba groga, gran i picada

Pebre negre, recent mòlt

1 xirivia, mitjana i picada

½ culleradeta. Comí en pols

3 1/2 tasses d'aigua

½ culleradeta. Sal rosa de l'Himàlaia

4 fulles de kale, tallades gruixudes

Indicacions:

1. Per començar, poseu les pastanagues, les xirivias, una cullerada d'aigua i la ceba en una cassola de mida mitjana a foc mitjà.

2. Cuini la barreja de verdures durant 5 minuts remenant de tant en tant.

3. A continuació, afegiu-hi les llenties i les espècies. Combina bé.

4. A continuació, aboqueu l'aigua a l'olla i porteu la barreja a ebullició.

5. Ara, reduïu el foc al mínim i deixeu-ho coure a foc lent durant 20 minuts.

6. Apagueu el foc i retireu-lo del foc. Afegiu-hi la kale, el suc de llimona, el julivert i la sal.

7. A continuació, barregeu bé fins que quedi tot plegat.

8. Cobrir amb les ametlles i servir ben calent.

Informació nutricional:Calories: 242 Kcal Proteïnes: 10 g Hidrats de carboni: 46 g Greixos: 4 g

Deliciosa amanida de tonyina

Porcions: 2

Temps de cocció: 15 minuts

Ingredients:

2 llaunes de tonyina envasades amb aigua (5 oz cadascuna), ¼ tassa de maionesa escorreguda

2 cullerades d'alfàbrega fresca, picada

1 cullerada de suc de llimona, acabat d'esprémer

2 cullerades de pebrot vermell rostit, ¼ tassa de kalamata picades o olives barrejades, picades

2 tomàquets grans madurs a la vinya

1 cullerada de tàperes

2 cullerades de ceba vermella, picada

Pebre i sal al gust

Indicacions:

1. Afegiu tots els articles (excepte els tomàquets) junts en un bol gran; barrejar bé els ingredients fins que quedin ben barrejats.

Talleu els tomàquets en sises parts i després obriu-los suaument. Aboqui la barreja d'amanida de tonyina preparada al centre; serveix immediatament i gaudeix del teu àpat.

Informació nutricional:kcal 405 Greixos: 24 g Fibra: 3,2 g Proteïnes: 37 g

Aioli Amb Ous

Porcions: 12

Temps de cocció: 0 minuts

Ingredients:

2 rovells d'ou

1 all, ratllat

2 cullerades. cascada

½ tassa d'oli d'oliva verge extra

¼ tassa de suc de llimona, acabat d'esprémer, sense llavors ¼ de culleradeta. sal marina

Una mica de pebre de caiena en pols

Una mica de pebre blanc, al gust

Indicacions:

1. Poseu a la batedora els alls, els rovells d'ou, la sal i l'aigua; processar fins que estigui suau. Aboqui l'oli d'oliva fins que l'amaniment s'emulsioni.

2. Afegiu la resta d'ingredients. Gust; ajustar el condiment si cal.

Abocar en un recipient hermètic; utilitzar segons sigui necessari.

Informació nutricional: Calories 100 Carbohidrats: 1 g Greix: 11 g Proteïnes: 0 g

Espaguetis amb salsa de bolets d'herbes

Ingredients:

200 grams aproximadament una porció generosa d'un paquet d'espaguetis prims de blat *

140 grams de bolets tallats nets 12-15 peces *

¼ tassa de nata

3 tasses de llet

2 cullerades d'oli d'oliva de cuina més 2 culleradetes més d'oli o margarina liquada per incloure la meitat 1,5 cullerades de farina

½ tassa de ceba picada

¼ a ½ tassa de formatge cheddar parmesà cruixent

Un parell de trossos petits de pebre negre

Sal al gust

2 culleradetes de farigola seca o nova*

Ram de fulles d'alfàbrega fresques chiffonades

Indicacions:

1. Cuini la pasta una mica més ferma tal com indica el paquet.

2. Mentre es cou la pasta, hem de començar a preparar la salsa.

3. Escalfeu les 3 tasses de llet al microones durant 3 minuts o al foc fins que es converteixi en un guisat.

4. Al mateix temps, escalfeu 2 cullerades d'oli en un recipient antiadherent a foc mitjà i deixeu coure els xampinyons tallats a rodanxes. Cuinar uns 2 minuts.

5. Des del primer moment els bolets escorreran una mica d'aigua, després a la llarga s'evaporarà i es tornarà fresc cadascun.

6. De moment abaixeu el foc a mitjà incloent les cebes i deixeu-ho coure 1 moment.

7. Ara inclou 2 culleradetes de crema untable suau i espolvora amb farina.

8. Barrejar durant 20 segons.

9. Incloeu la llet calenta sense parar de remenar per formar una salsa llisa.

10. Quan la salsa espesseixi, és a dir, es converteix en un guisat, apaguem el foc.

11. Actualment inclou ¼ de tassa de formatge cheddar parmesà mòlt. Barrejar fins que estigui suau. Durant 30 segons.

12. Actualment inclou sal, pebre i farigola.

13. Prova-ho. Canvia el sabor si cal.

14. Mentrestant la pasta s'ha de bullir una mica més.

15. Colar l'aigua calenta en un colador. Mantenir l'aixeta oberta i abocar aigua freda per aturar la cocció, canalitzar tota l'aigua i tirar-la amb la salsa.

16. Si no mengeu de seguida, no barregeu la pasta amb la salsa. Mantenir la massa separada, coberta amb oli i fixar.

17. Serviu calent amb un altre raig de formatge cheddar parmesà.

Agraïm!

Sopa de miso i shitake amb escalunyes

Racions: 4

Temps de cocció: 45 minuts

Ingredients:

2 cullerades d'oli de sèsam

1 tassa de tapes de bolets shiitake tallades a rodanxes fines

1 gra d'all, picat

1 peça (1 1/2 polzades) de gingebre fresc, pelat i tallat a rodanxes 1 tassa d'arròs integral de gra mitjà

½ culleradeta de sal

1 cullerada de miso blanc

2 escalunyes, a rodanxes fines

2 cullerades de coriandre fresc picat finament<u>Indicacions:</u>

1. Escalfeu l'oli a foc mitjà-alt en una olla gran.

2. Afegiu els xampinyons, l'all i el gingebre i sofregiu fins que els bolets comencin a estovar-se uns 5 minuts.

3. Posar l'arròs i remenar per cobrir d'oli uniformement. Afegiu 2 tasses d'aigua i sal i deixeu-ho bullir.

4. Cuini a foc lent en 30-40 minuts. Feu servir una mica de brou per suavitzar el miso i, a continuació, remeneu l'olla fins que quedi ben barrejat.

5. Incorporeu-hi l'escalunya i el coriandre i, tot seguit, serviu.

Informació nutricional:Calories 265 Greixos totals: 8 g Carbohidrats totals: 43 g Sucre: 2 g Fibra: 3 g Proteïnes: 5 g Sodi: 456 mg

Truita a la planxa amb condiment d'all i julivert

Racions: 8

Temps de cocció: 25 minuts

Ingredients:

Filet de truita de 3 1/2 lliures, preferiblement truita oceànica, desossat, amb pell

4 grans d'all, tallats a rodanxes fines

2 cullerades de tàperes, picades gruixudes

½ tassa de fulles de julivert de fulla plana, fresques

1 pebrot vermell, preferiblement llarg; rodanxes fines 2 cullerades de suc de llimona, ½ tassa d'oli d'oliva acabat de premsar

Falcons de llimona, per servir

Indicacions:

1. Pinteu la truita amb unes 2 cullerades d'oli; Assegureu-vos que tots els costats estiguin ben recoberts. Preescalfeu la barbacoa a foc fort, preferiblement amb la campana tancada. Reduïu el foc a mitjà; col·loqueu la truita recoberta a la planxa de la barbacoa, preferiblement amb la pell cap

amunt. Cuinar fins que estigui parcialment cuit i daurat, un parell de minuts. Gireu amb cura la truita; coure fins que estigui cuit, 12-15 minuts, amb la caputxa tancada. Transferiu el filet a un plat gran per servir.

2. Mentrestant, escalfeu l'oli restant; all a foc lent en una cassola petita fins que s'acabi d'escalfar; l'all comença a canviar de color. Retirar i incorporar les tàperes, el suc de llimona, el bitxo.

Condimenteu la truita amb l'amaniment preparat i després empolvoreu amb les fulles de julivert fresc. Serviu immediatament amb rodanxes de llimona fresca, gaudiu del vostre àpat.

Informació nutricional:kcal 170 Greixos: 30 g Fibra: 2 g Proteïnes: 37 g

Rotllets de coliflor i cigrons al curri:

1 gingebre fresc

2 grans d'all

1 llauna de cigrons

1 ceba vermella

8 unces de floretes de coliflor

1 culleradeta de Garam Masala

2 cullerades de midó d'arrel

1 llimona

1 paquet de coriandre fresc

1/4 tassa de iogurt vegà

4 embolcalls

3 cullerades de coco ratllat

4 unces d'espinacs infantils

1 cullerada d'oli vegetal

1 culleradeta de sal i pebre al gust

Indicacions:

1. Preescalfeu l'estufa a 205 ° C. Peleu i piqueu 1 culleradeta de gingebre. Picar els alls. Canalitzar i rentar els cigrons. Peleu i piqueu una mica la ceba vermella. Dividiu la llimona.

2. Cobriu una paella escalfada amb 1 cullerada d'oli vegetal. En un bol enorme, consolideu el gingebre picat, l'all, el suc d'una gran porció de llimona, els cigrons, la ceba vermella tallada a daus, les floretes de coliflor, el garam masala, el midó d'arrez i 1/2 culleradeta de sal. Transferiu-lo a la paella i coure a la brasa fins que la coliflor estigui tendra i sofregida en alguns llocs, uns 20 a 25 minuts.

3. Talleu les fulles de coriandre i les tiges delicades. En un bol petit, barregeu el coriandre, el iogurt, 1 cullerada de suc de llimona i una mica de sal i pebre.

4. Folreu els embolcalls amb paper d'alumini i introduïu-los a l'estufa per escalfar-los durant uns 3 o 4 minuts.

5. Localitza una paella antiadherent petita a foc mitjà i inclou el coco ratllat. Torrar, sacsejant el plat habitualment fins que estigui tendre, uns 2 o 3 minuts.

6. Repartiu els espinacs petits i les verdures cuites entre els embolcalls calents. Col·loqueu els embolcalls de cigrons de coliflor en plats grans i ruixeu-los amb la salsa de coriandre.

Sopa de fideus de blat sarraí

Porcions: 4

Temps de cocció: 25 minuts

Ingredients:

2 tasses de Bok Choy, picades

3 cullerades. Tamari

3 rams d'espaguetis de blat sarraí

2 tasses de mongetes edamame

7 oz. Xampinyons shiitake, picats

4 tasses d'aigua

1 culleradeta. Gingebre ratllat

Pessic de sal

1 gra d'all, ratllat

Indicacions:

1. Primer, poseu l'aigua, el gingebre, la salsa de soja i l'all en una cassola mitjana a foc mitjà.

2. Porteu a ebullició la barreja de salsa de gingebre i soja i, a continuació, afegiu-hi l'edamame i el shiitake.

3. Continueu la cocció durant 7 minuts més o fins que estiguin tendres.

4. A continuació, coeu els fideus soba seguint les instruccions: proporcionades al paquet fins que estiguin cuits. Rentar i escórrer bé.

5. Ara, afegiu el bok choy a la barreja de shiitake i deixeu-ho coure un minut més o fins que el bok choy estigui marcit.

6. Finalment, dividiu els fideus de soba als bols i poseu-hi la barreja de bolets.

Informació nutricional:Calories: 234 Kcal Proteïnes: 14,2 g Hidrats de carboni: 35,1 g Greixos: 4 g

Amanida de salmó

Porcions: 1

Temps de cocció: 0 minuts

Ingredients:

1 tassa de coca orgànica

1 caixa de salmó salvatge

½ alvocat, tallat a rodanxes

1 cullerada d'oli d'oliva

1 culleradeta de mostassa de Dijon

1 culleradeta de sal marina

Indicacions:

1. Comenceu barrejant l'oli d'oliva, la mostassa de Dijon i la sal marina en un bol per fer l'amaniment. Per deixar de banda.

2. Muntar l'amanida amb ruca com a base i decorar amb el salmó i l'alvocat tallat a rodanxes.

3. Amaniu amb l'amaniment.

Informació nutricional:Carbohidrats totals 7 g Fibra dietètica: 5 g Proteïnes: 48 g Greixos totals: 37 g Calories: 553

Titella de verdures

Porcions: 4

Temps de cocció: 40 minuts

Ingredients:

1 cullerada. Oli de coco

2 tasses de col rizada, triturada

2 tiges d'api, tallades a daus

½ de 15 oz. llauna de mongetes blanques, escorregudes i esbandides 1 ceba, gran i tallada a daus

¼ culleradeta. pebre negre

1 pastanaga, mitjana i tallada a daus

2 tasses de coliflor, tallada en floretes

1 culleradeta. Cúrcuma, mòlta

1 culleradeta. Sal marina

3 grans d'all, picats

6 tasses de brou de verdures

Indicacions:

1. Per començar, escalfeu l'oli en una cassola gran a foc mitjà-baix.

2. Afegiu la ceba a l'olla i sofregiu-la durant 5 minuts o fins que estigui suavitzada.

3. Poseu la pastanaga i l'api a l'olla i continueu la cocció durant 4 minuts més o fins que les verdures s'hagin suavitzat.

4. Ara, afegiu la cúrcuma, l'all i el gingebre a la barreja. Barrejar bé.

5. Cuini la barreja de verdures durant 1 minut o fins que estigui fragant.

6. A continuació, aboqueu el brou de verdures juntament amb sal i pebre i porteu la barreja a ebullició.

7. Quan comenci a bullir hi afegim la coliflor. Reduïu el foc i deixeu coure a foc lent la barreja de verdures durant 13 a 15 minuts o fins que la coliflor s'hagi suavitzat.

8. Finalment, afegiu-hi les mongetes i la col. Cuini en 2 minuts.

9. Servir calent.

<u>Informació nutricional:</u>Calories 192 Kcal Proteïnes: 12,6 g Hidrats de carboni: 24,6 g Greixos: 6,4 g

Gambes a l'all i llimona

Porcions: 4

Temps de cocció: 15 minuts

Ingredients:

1 i ¼ de lliura de gambes, bullides o al vapor

3 cullerades d'all, picat

¼ tassa de suc de llimona

2 cullerades d'oli d'oliva

¼ tassa de julivert

Indicacions:

1. Agafeu una paella petita i poseu-la a foc mitjà, afegiu-hi l'all i l'oli i remeneu-ho durant 1 minut.

2. Afegiu-hi el julivert, el suc de llimona i rectifiqueu-ho de sal i pebre.

3. Afegiu les gambes a un bol gran i transferiu la barreja de la paella sobre les gambes.

4. Refredar i servir.

Informació nutricional: Calories: 130 Greixos: 3 g Carbohidrats: 2 g Proteïnes: 22 g

Ingredients del rotlle de primavera:

enciam nous, trossos trencats o tallats

talls d'alvocat, discrecionals

SALSA DE SÉSSAM DE SOJA

1/4 tassa de salsa de soja

1/4 tassa d'aigua freda

1 cullerada de maionesa (discrecional, això fa que la salsa sigui vellutada)

1 culleradeta de suc de llima fresc

1 culleradeta d'oli de sèsam

1 culleradeta de salsa sriracha o qualsevol salsa calenta (opcional)

Indicacions:

1. tomàquet mitjà (sembrat i tallat 1/4" de gruix) 2. trossos de cansalada, cuits

3. alfàbrega fresca, menta o herbes diverses

4. paper d'arròs

Soba freda amb salsa de miso Ingredients:

6 oz de fideus soba de fajol

1/2 tassa de pastanagues triturades

1 tassa d'edamame amb closca solidificat, descongelat 2 cogombres perses, tallats

1 tassa de coriandre picat

1/4 tassa de llavors de sèsam

2 cullerades de llavors de sèsam fosc

Apòsit de miso blanc (fa 2 tasses)

2/3 tassa de cola de miso blanca

Suc de 2 llimones mitjanes

4 cullerades de vinagre d'arròs

4 cullerades d'oli d'oliva verge extra

4 cullerades de taronja espremuda

2 cullerades de gingebre mòlt fresc

2 cullerades de xarop d'auró

Indicacions:

1. Cuineu els fideus soba seguint les pautes d'agrupació (vigueu amb compte de no cuinar-los massa o s'enganxaran i s'enganxaran). Canalitzar bé i transferir-lo a un bol enorme 2. Incloeu pastanagues ratllades, edamame, cogombre, coriandre i llavors de sèsam

3. Per preparar l'amaniment, consolida tots els elements de fixació en una batedora. Barrejar fins que estigui suau

4. Aboqueu la mesura de condiment desitjada sobre els fideus (hem fet servir aproximadament una tassa i mitja)

Trossos de coliflor i búfala al forn

Racions: 2

Temps de cocció: 35 minuts

Ingredients:

¼ tassa d'aigua

¼ tassa de farina de plàtan

Un polsim de sal i pebre

1 tros mitjà de coliflor, tallat a trossos petits ½ tassa de salsa calenta

2 cullerades de mantega, fosa

Formatge blau o amaniment ranxo (opcional)

Indicacions:

1. Preescalfeu el forn a 425 ° F. Mentrestant, folreu una safata de forn amb paper d'alumini.

2. Combina l'aigua, la farina i una mica de sal i pebre en un bol gran.

3. Barrejar bé fins a obtenir una mescla homogènia.

4. Afegiu-hi la coliflor; remenar per cobrir bé.

5. Transfereix la barreja a la cassola. Coure durant 15 minuts, girant una vegada.

6. Mentre es cuina, combineu la salsa calenta i la mantega en un bol petit.

7. Aboqui la salsa sobre la coliflor cuita.

8. Torneu la coliflor cuita al forn i deixeu-ho coure 20 més minuts.

9. Serviu immediatament amb un amaniment ranxo al costat si ho desitja.

Informació nutricional:Calories: 168 Greixos: 5,6 g Proteïnes: 8,4 g Hidrats de carboni: 23,8 g Fibra: 2,8 g

Flan de pollastre a l'all amb alfàbrega i tomàquet

Racions: 4

Temps de cocció: 30 minuts

Ingredients:

½ ceba groga mitjana

2 cullerades d'oli d'oliva

3 grans d'all picats

1 tassa d'alfàbrega (tallada lleugerament)

1.lb de pit de pollastre desossat

14,5 oz de tomàquets picats italians

Sal i pebre

4 carbassons mitjans (enrotllats en pasta) 1 cullerada de pebrot vermell picat

2 cullerades d'oli d'oliva

Indicacions:

1. Piqueu els trossos de pollastre amb una paella per cuinar ràpidament. Espolseu sal, pebre i oli sobre els trossos de pollastre i marineu els dos costats del pollastre per igual.

2. Fregiu els trossos de pollastre en una paella gran calenta durant 2-3 minuts per cada costat.

3. Sofregiu la ceba a la mateixa paella fins que estigui daurada. Afegiu-hi els tomàquets, les fulles d'alfàbrega i l'all.

4. Cuini a foc lent durant 3 minuts i afegim totes les espècies i el pollastre a la cassola.

5. Servir al plat juntament amb zoodles salats.

Informació nutricional:Calories 44 Hidrats de carboni: 7 g Greixos: 0 g Proteïnes: 2 g

Racions de sopa cremosa de coliflor de cúrcuma: 4

Temps de cocció: 15 minuts

Ingredients:

2 cullerades d'oli d'oliva verge extra

1 porro, només la part blanca, tallat a rodanxes fines

3 tasses de flors de coliflor

1 gra d'all pelat

1 peça (1¼ polzada) de gingebre fresc, pelat i tallat a rodanxes 1 1/2 culleradeta de cúrcuma

½ culleradeta de sal

¼ de culleradeta de pebre negre recent mòlt

¼ de culleradeta de comí mòlt

3 tasses de brou de verdures

1 tassa de greix total: llet de coco

¼ tassa de coriandre fresc picat finament

Indicacions:

1. Escalfeu l'oli a foc fort en una olla gran.

2. Daurar el porro en 3-4 minuts.

3. Afegiu la coliflor, l'all, el gingebre, la cúrcuma, la sal, el pebre i el comí i sofregiu durant 1 o 2 minuts.

4. Posar el brou i bullir.

5. Cuini a foc lent en 5 minuts.

6. Tritureu la sopa amb una batedora d'immersió fins que quedi suau.

7. Incorporeu-hi la llet de coco i el coriandre, escalfeu i serviu.

Informació nutricional:Calories 264 Total de greixos: 23 g Total de carbohidrats: 12 g Sucre: 5 g Fibra: 4 g Proteïnes: 7 g Sodi: 900 mg

Arròs integral amb moniatos, bolets i col

Racions: 4

Temps de cocció: 50 minuts

Ingredients:

¼ tassa d'oli d'oliva verge extra

4 tasses de fulles de kale picades gruixudes

2 porros, només parts blanques, a rodanxes fines

1 tassa de bolets a rodanxes

2 grans d'all, picats

2 tasses de moniatos pelats tallats a daus de ½ polzada 1 tassa d'arròs integral

2 tasses de brou de verdures

1 culleradeta de sal

¼ de culleradeta de pebre negre recent mòlt

¼ tassa de suc de llimona acabat d'esprémer

2 cullerades de julivert de fulla plana fresc picat finament<u>Indicacions:</u>

1. Escalfeu l'oli a foc fort.

2. Afegiu-hi la col, els porros, els xampinyons i l'all i sofregiu fins que estiguin suaus, uns 5 minuts.

3. Afegir els moniatos i l'arròs i sofregir uns 3 minuts.

4. Afegir el brou, sal i pebre i portar a ebullició. Cuini a foc lent entre 30 i 40 minuts.

5. Combina el suc de llimona i el julivert, després serveix.

Informació nutricional:Calories 425 Greixos: 15 g Carbohidrats totals: 65 g Sucre: 6 g Fibra: 6 g Proteïnes: 11 g Sodi: 1045 mg

Tilapia al forn amb pacanes i romaní

Racions: 4

Temps de cocció: 20 minuts

Ingredients:

4 filets de tilàpia (4 unces cadascun)

½ culleradeta de sucre moreno o sucre de palma de coco 2 culleradetes de romaní fresc picat

1/3 tassa de pacanes crues, picades

Un polsim de pebre de caiena

1 ½ culleradeta d'oli d'oliva

1 clara d'ou gran

1/8 culleradeta de sal

1/3 tassa de pa ratllat de panko, preferiblement de gra integral<u>Indicacions:</u>

1. Escalfeu el forn a 350 F.

2. Barregeu les pacanes amb el pa ratllat, el sucre de coco, el romaní, el pebre de caiena i la sal en una safata de forn petita. Afegiu l'oli d'oliva; llançar.

3. Cuini en uns 7-8 minuts, fins que la barreja tingui un color marró daurat clar.

4. Poseu la calor a 400 F i cobreix un plat gran de vidre per coure amb esprai de cuina.

5. Batre la clara d'ou al plat. Treballar per lots; submergeix el peix (una tilàpia a la vegada) a la clara d'ou i, a continuació, cobreix-lo lleugerament amb la barreja de pacanes. Poseu els filets coberts a la paella.

6. Premeu la barreja de pacanes sobrants sobre els filets de tilàpia.

7. Cuini en 8-10 minuts. Serviu immediatament i gaudiu.

Informació nutricional:kcal 222 Greixos: 10 g Fibra: 2 g Proteïnes: 27 g

Tortilla de mongetes negres

Porcions: 2

Temps de cocció: 0 minuts

Ingredients:

¼ tassa de blat de moro

1 grapat d'alfàbrega fresca

½ tassa de coet

1 cullerada de llevat nutricional

¼ tassa de mongetes negres en conserva

1 préssec, tallat a rodanxes

1 culleradeta de suc de llima

2 truites sense gluten

Indicacions:

1. Reparteix les mongetes, el blat de moro, la ruca i els préssecs entre les dues truites.

2. Remeneu cada truita amb la meitat de l'alfàbrega fresca i el suc de llima<u>Informació nutricional:</u>Carbohidrats totals 44 g Fibra dietètica: 7 g Proteïnes: 8 g Greixos totals: 1 g Calories: 203

Pollastre de mongetes blanques amb verdures d'hivern

Racions: 8

Temps de cocció: 45 minuts

Ingredients:

4 grans d'all

1 cullerada d'oli d'oliva

3 xirivias mitjanes

1 kg de daus de pollastre petits

1 culleradeta de comí en pols

2 baixes i 1 part verda

2 pastanagues (tallades a daus)

1 ¼ de mongetes blanques (remullades durant la nit)

½ culleradeta d'orenga seca

2 culleradetes de sal kosher

Fulles de coriandre

1 1/2 cullerades de chiles ancho mòlts

Indicacions:

1. Coure els alls, els porros, el pollastre i l'oli d'oliva en una cassola gran a foc mitjà durant 5 minuts.

2. Ara afegiu-hi les pastanagues i la xirivia i, després de barrejar durant 2 minuts, afegiu-hi tots els ingredients de l'amaniment.

3. Remeneu fins que comenci a sortir perfum.

4. Ara afegiu les mongetes i 5 tasses d'aigua a l'olla.

5. Portar a ebullició i reduir el foc.

6. Deixeu coure a foc lent gairebé 30 minuts i guarniu amb julivert i fulles de coriandre.

<u>Informació nutricional:</u>Calories 263 Carbohidrats: 24 g Greix: 7 g Proteïnes: 26 g

Racions de salmó al forn amb herbes

Porcions: 2

Temps de cocció: 15 minuts

Ingredients:

10 oz. Filet de salmó

1 culleradeta. Oli d'oliva

1 culleradeta. mel

1 culleradeta. Estragó, fresc

1/8 culleradeta. sal

2 culleradetes. Mostassa de Dijon

¼ culleradeta. Fargola, seca

¼ culleradeta. Orenga, seca

Indicacions:

1. Preescalfeu el forn a 425° F.

2. A continuació, combineu tots els ingredients, excepte el salmó, en un bol de mida mitjana.

3. Ara, aboqueu aquesta barreja uniformement sobre el salmó.

4. A continuació, col·loqueu el salmó amb la pell cap avall a la safata de forn folrada amb paper pergamí.

5. Finalment, deixeu coure durant 8 minuts o fins que el peix s'escafi.

Informació nutricional:Calories: 239 Kcal Proteïnes: 31 g Hidrats de carboni: 3 g Greixos: 11 g

Amanida de pollastre amb iogurt grec

Ingredients:

Pollastre picat

poma verda

ceba vermella

Api

Nabius secs

Indicacions:

1. La porció de pollastre de iogurt grec mixt de verdures és un pensament increïble per preparar el dinar. Podeu posar-lo en una xocolata artesanal i menjar només això o podeu posar-lo en un contenidor de superpreparació amb més verdures, patates fregides, etc. Aquí teniu alguns consells per servir.

2. Sobre unes torrades

3. En una truita amb enciam

4. Amb patates fregides o sal

5. En una mica d'enciam gelat (elecció baixa en carbohidrats!)

Amanida de cigrons

Ingredients:

1 alvocat

1/2 llimona cruixent

1 llauna de cigrons gastats (19 oz)

1/4 tassa de ceba vermella tallada a daus

2 tasses de tomàquets cherry picats

2 tasses de cogombre tallat a daus

1/2 tassa de julivert cruixent

3/4 tassa de xili verd tallat a daus

Vesteix-te

1/4 tassa d'oli d'oliva

2 cullerades de vinagre de vi negre

1/2 culleradeta de comí

sal i pebre

Indicacions:

1. Talleu l'alvocat a quadrats 3D i poseu-los al bol. Premeu el suc d'1/2 llimona sobre l'alvocat i barregeu-lo suaument per consolidar-lo.

2. Incloeu la porció restant d'ingredients vegetals barrejats i remeneu-ho suaument per combinar.

3. Refrigerar almenys una hora abans de servir.

Amanida valenciana

Porcions: 10

Temps de cocció: 0 minuts

Ingredients:

1 culleradeta. Olives Kalamata en oli, sense pinyol, lleugerament escorregudes, a la meitat, en juliana

1 cap, petit enciam romaní, esbandit, sec, tallat a trossos petits

½ peça, escalunya petita, tallada en juliana

1 culleradeta. Mostassa de Dijon

½ satsuma petit o mandarina, només polpa

1 culleradeta. Vinagre de vi blanc

1 culleradeta. oli d'oliva verge extra

1 pessic de farigola fresca, picada

Un polsim de sal marina

Una mica de pebre negre, al gust

Indicacions:

1. Combina vinagre, oli, farigola fresca, sal, mostassa, pebre negre i mel si ho fas servir. Bateu bé fins que l'amaniment s'emulsioni una mica.

2. Barregeu els ingredients restants de l'amanida en una amanida.

3. Regar amb amaniment quan a punt de servir. Serviu immediatament amb 1 llesca de pa de massa mare sense sucre ni sal.

<u>Informació nutricional:</u>Calories 238 Carbohidrats: 23 g Greix: 15 g Proteïnes: 8 g

Sopa energètica especial

Racions:4

Temps de cocció: 20 minuts

Ingredients:

¼ tassa d'oli d'oliva verge extra

2 porros, només parts blanques, a rodanxes fines

1 fonoll, pelat i tallat a rodanxes fines

1 gra d'all pelat

1 manat de bledes, tallades gruixudes

4 tasses de col picada gruixuda

4 tasses de mostassa picada gruixuda

3 tasses de brou de verdures

2 cullerades de vinagre de sidra de poma

1 culleradeta de sal

¼ de culleradeta de pebre negre recent mòlt

¼ tassa d'anacard picats (opcional)

Indicacions:

1. Escalfeu l'oli a foc fort en una olla gran.

2. Afegiu-hi els porros, el fonoll i l'all i sofregiu-los fins que estiguin toves, uns 5 minuts.

3. Afegiu-hi les bledes, la col rizada i la mostassa i sofregiu-los fins que es marceixin, de 2 a 3 minuts.

4. Posar el brou i bullir.

5. Cuini a foc lent en 5 minuts.

6. Incorporeu-hi el vinagre, la sal, el pebre i els anacards (si feu servir).

7. Tritureu la sopa amb una batedora d'immersió fins que quedi homogènia i serviu-la.

Informació nutricional: Calories 238 Total de greixos: 14 g Total de carbohidrats: 22 g Sucre: 4 g Fibra: 6 g Proteïnes: 9 g Sodi: 1294 mg

Salmó, miso i mongetes verdes

Porcions: 4

Temps de cocció: 25 minuts

Ingredients:

1 cullerada d'oli de sèsam

1 lliura de mongetes verdes, tallades

1 lliura de filets de salmó amb pell, tallats en 4 filets ¼ tassa de miso blanc

2 culleradetes de salsa de soja o tamari sense gluten 2 escalunyes, a rodanxes fines

Indicacions:

1. Preescalfeu el forn a 400 ° F. Unteu la safata amb oli.

2. Col·loqueu les mongetes verdes, després el salmó a sobre de les mongetes verdes i unteu cada tros amb el miso.

3. Torrar en 20-25 minuts.

4. Regar amb el tamari, espolvorear amb les escalunyes i servir.

Informació nutricional: Calories 213 Greixos totals: 7 g Carbohidrats totals: 13 g Sucre: 3 g Fibra: 5 g Proteïnes: 27 g Sodi: 989 mg

Sopa de porro, pollastre i espinacs

Porcions: 4

Temps de cocció: 15 minuts

Ingredients:

3 cullerades de mantega sense sal

2 porros, només parts blanques, a rodanxes fines

4 tasses d'espinacs infantils

4 tasses de brou de pollastre

1 culleradeta de sal

¼ de culleradeta de pebre negre recent mòlt

2 tasses de pollastre rostit ratllat

1 cullerada de cibulet fresc tallat a rodanxes fines

2 culleradetes de ratlladura de llimona ratllada o picada

Indicacions:

1. Desfeu la mantega a foc fort en una cassola gran.

2. Afegiu-hi els porros i salteu-los fins que estiguin toves i comencin a daurar-se, 3

als 5 minuts.

3. Afegiu els espinacs, el brou, sal i pebre i deixeu-ho bullir.

4. Cuini a foc lent en 1 o 2 minuts.

5. Posa el pollastre i cuina en 1 o 2 minuts.

6. Espolvorear amb el cibulet i la ratlladura de llimona i servir.

Informació nutricional:Calories 256 Greixos totals: 12 g Carbohidrats totals: 9 g Sucre: 3 g Fibra: 2 g Proteïnes: 27 g Sodi: 1483 mg

Bombes de xocolata negra

Porcions:24

Temps de cocció: 5 minuts

Ingredients:

1 tassa de nata

1 tassa de formatge crema suavitzat

1 culleradeta d'essència de vainilla

1/2 tassa de xocolata negra

2 oz. Stevia

Indicacions:

1. Fon la xocolata en un bol escalfant al microones.

2. Batre la resta d'ingredients a la batedora fins que quedi esponjosa, i després incorporar la xocolata desfeta.

3. Barreja bé, després divideix la barreja en un motlle per magdalenes folrat amb gots per magdalenes.

4. Refrigerar durant 3 hores.

5. Servir.

<u>Informació nutricional:</u>Calories 97 Greixos 5 g, Carbohidrats 1 g, Proteïnes 1 g, Fibra 0 g

Pebrots farcits italians

Racions: 6

Temps de cocció: 40 minuts

Ingredients:

1 culleradeta d'all en pols

1/2 tassa de mozzarella, ratllada

1 lliura de vedella mòlta magra

1/2 tassa de parmesà

3 pebrots, tallats a la meitat longitudinalment, sense tiges, llavors i costelles

1 paquet (10 oz) d'espinacs congelats

2 tasses de salsa marinara

1/2 culleradeta de sal

1 culleradeta de condiment italià

Indicacions:

1. Revestiu una safata de forn folrada amb paper d'alumini amb esprai antiadherent. Col·loqueu els pebrots a la safata per al forn.

2. Afegiu el gall dindi a una paella antiadherent i deixeu-ho coure a foc mitjà fins que ja no estigui rosat.

3. Quan estigui gairebé cuit, afegiu-hi 2 tasses de salsa marinara i condiments. Cuini durant aproximadament 8-10 minuts.

4. Afegiu els espinacs juntament amb 1/2 tassa de parmesà. Remeneu fins que quedi ben barrejat.

5. Afegiu 1/2 tassa de la barreja de carn a cada pebrot i dividiu el formatge entre tots: preescalfeu el forn a 450 F.

6. Coure els pebrots durant uns 25-30 minuts. Refredar i servir.

Informació nutricional: 150 calories 2 g de greix 11 g de carbohidrats totals 20 g de proteïnes

Truita fumada embolicada amb enciam

Racions: 4

Temps de cocció: 45 minuts

Ingredients:

¼ tassa de patates salades

1 tassa de tomàquets cherry

½ tassa de fulles d'alfàbrega

16 fulles d'enciam de mida petita a mitjana

1/3 tassa de pebre dolç asiàtic

2 pastanagues

1/3 tassa d'escalunyes (a rodanxes fines)

¼ tassa de jalapeños a rodanxes fines

1 cullerada de sucre

2-4,5 oz de truita fumada sense pell

2 cullerades de suc de llima fresc

1 cogombre

Indicacions:

1. Talleu les pastanagues i el cogombre a tires fines.

2. Marina aquestes verdures durant 20 minuts amb sucre, salsa de peix, suc de llima, escalunyes i jalapeños.

3. Afegiu els trossos de truita i altres herbes a aquesta barreja de verdures i barregeu-ho.

4. Colar l'aigua de la barreja de verdures i truites i tornar a remenar per combinar.

5. Poseu les fulles d'enciam en un plat i poseu-hi l'amanida de truita.

6. Decoreu aquesta amanida amb cacauets i salsa de xili.

Informació nutricional:Calories 180 Carbohidrats: 0 g Greix: 12 g Proteïnes: 18 g

Amanida d'ou de diable:

12 ous enormes

1/4 tassa de ceba verda tallada a daus

1/2 tassa d'api tallat a rodanxes

1/2 tassa de pebrot vermell picat

2 cullerades de mostassa de Dijon

1/3 tassa de maionesa

1 cullerada de suc, vi blanc o vinagre de xerès 1/4 culleradeta de tabasco o una altra salsa calenta (més o menys al gust) 1/2 culleradeta de pebre vermell (més o menys al gust) 1/2 culleradeta de pebre negre (més o menys al gust)) 1/4 culleradeta de sal (més al gust)

Indicacions:

1. Torneu a escalfar els ous: el mètode més fàcil per fer ous durs que no siguin difícils de treure és cuinar-los al vapor.

Ompliu una paella amb 1 polzada d'aigua i afegiu-hi un bushel per cuinar al vapor. (En cas que no tingueu un bushel per al vapor, està bé.) 2. Escalfeu l'aigua fins al punt d'ebullició, poseu suaument els ous al recipient del vapor o directament a la paella. Distribueix l'olla. Posa el rellotge durant 15 minuts. Evacueu els ous i deixeu-los refredar en aigua gelada.

3. Prepareu els ous i les verdures: piqueu els ous gruixut i poseu-los en un bol gran. Incloeu la ceba verda, l'api i el pebrot vermell.

4. Prepareu el plat de verdures mixtes: en un bol petit, combineu la maionesa, la mostassa, el vinagre i el tabasco. Barregeu suaument la salsa de maionesa al bol amb els ous i les verdures. Incloeu el pebre vermell, la sal i el pebre negre. Canvieu les cobertures com vulgueu.

Pollastre al forn amb sèsam-tamari i mongetes verdes

Racions: 4

Temps de cocció: 45 minuts

Ingredients:

1 lliura de mongetes verdes, tallades

4 pits de pollastre sense ossos i amb pell

2 cullerades de mel

1 cullerada d'oli de sèsam

1 cullerada de salsa de soja o tamari sense gluten 1 tassa de brou de pollastre o verdures

Indicacions:

1. Preescalfeu el forn a 400 °F.

2. Col·loqueu les mongetes verdes en una safata de forn gran amb vora.

3. Col·loqueu el pollastre, amb la pell cap amunt, a sobre de les mongetes.

4. Amaniu amb la mel, l'oli i el tamari. Afegiu-hi el brou.

5. Torrat en 35-40 minuts. Retirar, deixar reposar 5 minuts i servir.

Informació nutricional:Calories 378 Total de greixos: 10 g Total de carbohidrats: 19 g Sucre: 10 g Fibra: 4 g Proteïnes: 54 g Sodi: 336 mg

Estofat de pollastre al gingebre

Porcions: 6

Temps de cocció: 20 minuts

Ingredients:

¼ tassa de llom de cuixa de pollastre, tallat a daus

¼ tassa de fideus d'ou cuits

1 papaia verda, pelada i tallada a daus

1 tassa de brou de pollastre baix en sodi i baix en greix

1 medalló de gingebre, pelat, triturat

un polsim de ceba en pols

un polsim d'all en pols, afegir-ne més si ho desitja

1 tassa d'aigua

1 culleradeta. salsa de peix

un polsim de pebre blanc

1 peça, pebrot picant, picat

Indicacions:

1. Col·loqueu totes les fixacions en un forn holandès gran a foc fort. Bullir.

Baixeu la calor al nivell més baix. Posa la tapa.

2. Deixeu coure el guisat durant 20 minuts o fins que la papaia estigui tendra.

Apagueu el foc. Consumir tal qual o amb ½ tassa d'arròs cuit. Servir calent.

Informació nutricional:Calories 273 Carbohidrats: 15 g Greix: 9 g Proteïnes: 33 g

Amanida cremosa de garbano:

Plat de verdures barrejades

2 llaunes de cigrons de 14 unces

3/4 tassa d'agitadors de pastanaga

3/4 tassa d'agitadors d'api

Pebrera petites de 3/4 tassa

1 ceba piratejada

1/4 tassa d'agitadors de ceba vermella

1/2 alvocat gran

200 g de tofu suau

1 cullerada de vinagre de sidra de poma

1 cullerada de suc de llimona

1 cullerada de mostassa de Dijon

1 cullerada de salsa dolça

1/4 culleradeta de pebre vermell fumat

1/4 culleradeta de llavors d'api

1/4 culleradeta de pebre negre

1/4 culleradeta de mostassa en pols

Sal marina al gust

Fix'ns d'entrepà

Pa integral de cultiu

Talleu els tomàquets Roma

Unta d'enciam

Indicacions:

1. Prepareu i piqueu les pastanagues, l'api, el pebrot vermell, la ceba vermella i les escalunyes i poseu-los en un bol petit. Posar en un lloc segur.

2. Amb una batedora de mà petita o un processador d'aliments, barregeu l'alvocat, el tofu, el vinagre de suc de poma, el suc de llimona i la mostassa fins que quedi suau.

3. Colar i rentar les cistelles i col·locar-les en un bol mitjà. Amb un puré de patates o una forquilla, tritureu les mongetes fins que la majoria se separen i comencen a fer-se després del plat de peix de verdures barrejades. No cal que sigui tan llis com acabat i resistent. Condimenteu les mongetes amb una mica de sal i pebre.

4. Incloeu les verdures tallades, la crema d'alvocat-tofu i la resta de sabors i tasteu i barregeu bé. Tasta i modifica segons la teva inclinació.

www.ingramcontent.com/pod-product-compliance
Lightning Source LLC
Chambersburg PA
CBHW071426080526
44587CB00014B/1753